UN VERANO INCESANTE

COLECCIÓN CANIQUÍ

EDICIONES UNIVERSAL, Miami, Florida, 1996

LUIS DE LA PAZ

UN VERANO INCESANTE

© Copyright 1996 by Luis de la Paz

Derechos de autor, ©, por Luis de la Paz. Todos los derechos son reservados. Ninguna parte de este libro puede ser reproducida o transmitida en ninguna forma o por ningún medio electrónico o mecánico, incluyendo fotocopiadoras, grabadoras o sistemas computarizados, sin el permiso por escrito del autor, excepto en el caso de breves citas incorporadas en artículos críticos o en revistas. Para obtener información diríjase a Ediciones Universal.

Primera edición, 1996

EDICIONES UNIVERSAL
P.O. Box 450353 (Shenandoah Station)
Miami, FL 33245-0353. USA
Tel: (305)642-3234   Fax: (305)642-7978

Library of Congress Catalog Card No.: 96-83142

I.S.B.N.: 0-89729-793-8

Diseño de la cubierta por Juan Abreu

Obra de la cubierta: "Arqueología tropical", por Baruj Salinas

Foto del autor en la cubierta posterior por José Abreu Felippe

Para ti a quien tanto amo.
A mis padres en el otro amor.

...dos seres que al paso del tiempo comenzaron a mirarse y que al paso del tiempo no pueden despedirse sin aludir al preciso lugar en que volverán a encontrarse.

José Lezama Lima

PRÓLOGO

Estaba preocupado porque uno de sus gatos no había venido a comer en toda la mañana. Ya cerca del mediodía había dado varias vueltas a la manzana sin encontrarlo. Agotó todos los convencionalismos establecidos con sus animales para atraerlos, entre otros, hacer sonar el llavero, lo cual generalmente hacía que aparecieran de inmediato, saltando desesperadamente las cercas del vecindario, pero no tuvo resultados. En el caso de Popota siempre era difícil saber si en realidad respondía al sonido de las llaves o si sólo seguía a Asaselo, pues aunque a Luis no le cabían dudas de que Popota era mudo, todavía no estaba del todo convencido de que también fuera sordo.

Como no podía estar el día entero detrás del animal, se sentó en la computadora a actualizar la información en un programa de contabilidad. Las tarjetas de crédito se le estaban yendo de control, casi las tenía en el tope, por eso determinó pedir de inmediato una nueva tarjeta, con un límite mínimo de cinco mil dólares. "Con ella podré tomarme unas excelentes vacaciones", se dijo mientras calculaba que con el cheque que cobraría al día siguiente, el actual saldo negativo de veintitrés cuarenta y uno, se balancearía.

Al abandonar el programa de contabilidad, en el directorio principal de la computadora, le llamó la atención, más que en otras ocasiones, varios archivos llamados "cuentos": cuentos1, cuentos2, cuentos3. Faltaban otros y de pronto aparecía cuentos7. En el último que había trabajado era cuentos3 y hacía más de medio año que no exploraba los *files*, ni escribía nada nuevo. "¡Qué reguero!", se dijo mientras hacía correr el cursor por algunos de los títulos, pero no se decidía a apretar *enter* y explorar ninguno en específico. De repente no sólo estaba organizando toda aquella locura de una manera febril —no era difícil encontrar varias versiones de un mismo texto—, sino que también acababa de decidir, en medio de una extraña calma y una tristeza que lo abatió de golpe, que ya era el momento de trabajar en serio, organizar aquel desbarajuste, hacerlo coherente y publicarlo. Desde luego, no había ninguna relación entre sus dificultades económicas y la decisión de darlo a conocer, por el contrario, eso, muy probablemente, agravaría aún más su status financiero.

Algunos de los cuentos tenían años, muchos años, y al leerlos de nuevo volvía a experimentar las sensaciones que lo motivaron a escribirlos. Pensó en su abuelo, en lo que había de cierto en la relación con una maestra. Rechazó varios porque le parecieron obsoletos o insuficientes. De otros sólo extrajo la idea y los reescribió. Borró algunos con los que no se sentía satisfecho, sin embargo, a pesar de reconocer que no eran buenos, le dolía cada vez que oprimía *delete*. Imprimió los seleccionados y mientras veía brotar las hojas de papel por aquel aparato ruidoso, pensaba con satisfacción —el temor vendría después—, en el día en que todos aquellos cuentos, de alguna manera su vida, parte de su vida, se convirtieran en un libro impreso. "Ojalá que no aparezcan en el verano. Odio el

verano, detesto el calor", pensaba mientras decidía que *Un verano incesante*, sería un buen título para el libro.

Separó las hojas, las perforó y notó como todas aquellas páginas, algunas rescatadas de archivos cuyos títulos no evocaban nada literario, formaban ya, de pronto, un libro, su libro. Aunque parezca ridículo decirlo, sintió rabia y deseos de llorar. Observándolo bien, todo parecía indicar que esas aparentes impulsivas decisiones tomadas frente a una computadora, no eran deliberadas; tenían sus más recónditas razones en la nostalgia, la desintegración de la familia, la soledad y el acabamiento.

Escuchó maullar a un gato y pensó que Popota podría estar por los alrededores de la casa. Abrió una lata de comida junto a la ventana —el ruido lo atraía como un imán—, pero ni siquiera Asaselo, siempre hambriento, apareció. Horas más tarde, no se sabe por dónde, entró el gran Popota. Luis se sintió más calmado al ver al animalito encima de su mesa de trabajo, echado a todo lo largo, inmutable, estirado de una manera asombrosa, con la cabeza en sentido contrario al resto del cuerpo, algo arqueado y descansando sobre la carátula del libro que ya estaba finalmente a punto de entregar al editor.

EL REGRESO

Precisamente en eso estaba pensando mientras aguardaba que anunciaran por los altavoces el momento de abordar. Sin saber la razón exacta, cada vez que asociaba su vida con su país de origen, lo primero en llegar a la memoria era aquella tarde lluviosa, que en esencia resumía el último recuerdo. No había nada más intenso, ninguna otra sensación capaz de deprimirlo tanto, como la idea de un torrencial aguacero en las tardes de verano.

Cuando el avión se aproximaba a su destino se hizo la pregunta que durante todos los preparativos había evadido, y era acerca de la verdadera razón de su regreso. Sin embargo, en el poco tiempo que le quedaba de vuelo, no encontró respuesta razonable, conformándose con vagas justificaciones, como la posibilidad de redescubrir los lugares de su infancia, y a su familia, con la que hacía mucho había dejado de cartearse.

Por una rara maniobra del viaje, forzosamente turístico, que lo llevaba de regreso a su país, fue retenido durante varias horas en un hotel de la capital antes de poder moverse libremente. Desde la habitación que le habían destinado, en uno de los pisos superiores del Hotel Nacional, se podía ver el mar con el intenso color del trópico. Hacia el otro lado se imponía la ciudad, cubierta por el vapor que el sofocante calor de la isla hacía brotar. Le pareció distinguir en la distancia, sobre el negro humo que brotaba de algunas chimeneas, sobre los techos, la iglesia de San Juan Bosco, la avenida de flamboyanes florecidos y el Banco de los Colonos. Se le entremezclaban tantas imágenes, que no podía señalar nada con exactitud. Eran más bien los recuerdos de lugares dispersos en su memoria que se iban colocando armoniosamente en los sitios más convenientes a su imaginación.

A empellones subió a un ómnibus atestado. Recorrió la ciudad intentando pasar inadvertido para el resto de los pasajeros, pero observando con detenimiento las viejas casas de altísimos puntales, los balcones coloniales, los edificios nuevos, los largos portales, los jardines de olores frescos. Llegó a lo que había sido su barrio. Vio el cine, el banco, el otro cine. La Habana siempre ha sido una ciudad atiborrada de cines, de gentes que no se detienen en su andar.

Mientras caminaba por la avenida de Santa Catalina, miraba de cerca los gigantescos flamboyanes que la diferenciaban de cualquier otra calle. Los miraba como si por primera vez en su vida los sintiera furiosamente encendidos, como si no recordara el color de sus flores, como si de su memoria se hubiera borrado la imagen exacta. Pero no, esa imagen resurgía ahora con más vigor, estaba allí, en las aceras cubiertas de aquel rojo intenso. Una fuerte brisa meció los árboles. El hombre recogió algunas vainas ante la anonadada mirada de una mujer que, con disgusto, barría el portal de su casa.

Cuando distinguió la bodega de Don Juan supo que al doblar la esquina vería, aunque algo distante aún, la fachada de su casa. Y allí estaba. Solitaria. Sobreviviendo a todas las catástrofes, imponiéndose a todo desastre posible. El color rosado de antaño había sido sustituido por un azul profundo y sin brillo. Las rejas del jardín seguían tan oxidadas como antes y goteando el rocío de la noche anterior. Mientras caminaba, la cuadra se le iba haciendo larga y extenuante. Sentía como si le fuera imposible llegar, como si para poder alcanzar el portal necesitara recorrer los mismos años de su ausencia. Experimentó la proximidad de su casa. Vio que el edificio cercano estaba apuntalado y a punto de caer. El corazón le empezó a latir apresuradamente, la respiración se le hizo jadeante, su andar se volvió lento. Sacó el peine del bolsillo y trató de alisarse el pelo revuelto. Se cercioró de tener la camisa por dentro del pantalón. Se estaba preparando para el momento decisivo, el encuentro.

La casa tenía, como era costumbre en su familia, la puerta abierta de par en par. En el portal se mecían vacíos los sillones de hierro, que aceleraron su ritmo al verlo llegar. Entró despacio y se sentó en un sofá. El refrigerador seguía amarrado con una soga, quizás, pensó, la misma que pusieron cuando la puerta dejó de cerrar. Del piso brotaban nombres, seres vivos y muertos, objetos rotos, juguetes que recobraban su forma original en el instante de emerger. La personal e inconfundible historia de una familia aferrada a las losas de la casa.

Pensaba escuchar las mismas voces de ayer pero éstas habían envejecido. Le resultó tan significativo el cambio, que necesitó hacer un tremendo esfuerzo para poder distinguir entre los sonidos, alguno que lo acercara a aquellas gentes que en otros tiempos, ya casi olvidados para todos, fueron entre gritos y regalos, golpes y besos, el sentido de su vida. Aunque sólo escuchaba voces (todavía no había visto a nadie) presentía que se había abierto un gran espacio entre él y su familia. Mirando con detenimiento cada rincón de la casa, se dio cuenta que lo que había llamado durante años *recuerdos*, no era otra cosa que imprecisiones de la memoria, palabras que señalaban algún que otro sitio, nombres que llamaban a personas amadas o simplemente significaban lugares.

Aunque en la casa había un televisor nuevo, y algunas otras cosas que no podía reconocer como suyas, la sola certeza del lugar lo hacía sentir, por momentos, seguro y dispuesto a enfrentar el reencuentro.

Pasó largo rato esperando a que alguien apareciera, tiempo que empleó en detallar cada sección de la sala. Nadie se daba por enterado de su llegada, y como él quería que de repente lo descubrieran, para disfrutar la emoción de su familia al verlo, prefirió seguir allí, en silencio. Sobre la mesa distinguió un periódico donde, como parte de un enorme titular, podía leerse la palabra *patria*. Le sonó vacía, sin sentido, ni emociones particulares, como si decir *patria* fuera un llamado a una costumbre más, a una tradición más, a una experiencia más.

Se desligó de sus pensamientos cuando vio que a través de una puerta comenzaron a aparecer niños que, seguramente, serían sus sobrinos, pero que no podía reconocer como parte de su mundo pasado. Las tres mujeres que estaban con ellos también le eran desconocidas. Nadie se le acercó, ninguno le dirigió la palabra. Los pequeños se refugiaban en sus mayores. Ante una situación tan inusual, el hombre se sintió desorientado. Se pasó los dedos por el bigote y esbozó una sonrisa tan suave, que no supo si los demás comprendieron que se trataba de un saludo afectuoso. No llegaba a entender qué estaba pasando. Le pareció muy significativo que no hubiera ninguna reacción afectiva ante su presencia como él esperaba, como él hubiera deseado. No supo qué hacer para romper el silencio.

Observó a las mujeres y a los niños. Eran extraños para él. Los niños porque habían nacido, sin duda alguna, después de su partida; las mujeres, porque estaba convencido de que jamás las había visto. Sin embargo, al entrar en la casa había escuchado voces que en algún momento pudo reconocer como de sus hermanas, incluso le pareció identificar la de su madre. ¿Pero dónde estaban? ¿Dónde estaban ellas? ¿Cómo era posible que no aparecieran por ningún lado? Trató de imponerse a su timidez y al miedo que siempre le había provocado una situación embarazosa. No sabía si podría actuar coherentemente ante tanta presión desatada por las mujeres, que lo intimidaban con sus miradas duras y sus rostros serios. Se volvió hacia la calle y vio un pequeño grupo de gentes en la acera, conversando entre susurros, justamente a la salida de su casa. Hizo un esfuerzo por hablarles a los que estaban cerca de él, pero todos se apartaron al escucharle.

Estaba seguro que eran sus familiares. Desde que se dieron cuenta de su presencia nadie más habló. La casa se envolvió en un silencio total, desesperante. Por un momento dudó de aquel lugar. Las ventanas estaban recién pintadas, pero eran las mismas estilo Miami. No había confusión para el hombre, la casa era la de siempre, lo que no alcanzaba a comprender era la actitud de los que estaba seguro debían ser sus familiares cercanos. La puerta de la calle seguía abierta de par en par, y aún conservaba la rajadura en la madera, producto de una patada de su padre en uno de sus arranques de furia. Se levantó del sofá, ante la inutilidad de su espera, para encontrarse sobre el aparador con los pomos de medicinas que su padre había usado rigurosamente hasta el mismo día de su muerte.

Miró el espejo de la sala y descubrió un detalle que no había notado al entrar en la casa, y eso lo turbó aun más. El inmenso espejo frente a la ventana del portal, reflejaba las hojas verdes y encorvadas de la mata de areca, que lentamente, durante años, fue creciendo hasta sobresalir por encima del techo de la casa. Sin embargo, al volver al portal, en el jardín, encontró sembradas otras plantas, marpacífico y croto.

Las gentes seguían amontonándose en la calle. Se acercó despacio a la reja que separaba la acera del jardín, pasó la mano por las barras ennegrecidas por el óxido y se recostó. Miró la cuadra a todo lo largo. Se le antojó interminable, sucia, abandonada. Había muchos huecos en el pavimento. El muro de la casa de enfrente estaba resquebrajado y cubierto de musgo. Vio un nido de pájaros decorando lo alto de un poste eléctrico y encontró un papalote abandonado en la cima de la mata de álamo, en el mismo sitio donde a él se le quedaba cuando empinaba de niño. Todo le pareció distinto, aunque prácticamente nada había cambiado. Recordó que antes aquel barrio le resultaba maravilloso, que no había nada que lamentar, nada que reprochar, nada que entorpeciera la belleza de aquella calle única, cargada de su propia existencia.

No podía comprender qué estaba pasando a su alrededor. Se sentía desorientado. Por un lado su familia evitándolo; por el otro, la muchedumbre que se agrupaba en la acera lo acosaba con su absurda presencia. Levantó la vista hacia el balcón de Nina y Blanca. Las vio allí, pendientes de la calle, como siempre. No se daban cuenta que había un hombre saludándolas con un gesto. Aunque a cada momento dirigían sus ojos hacia donde él estaba. Ya no tenían macetas con flores adornando los bordes del balcón, ni se escuchaba el ladrido de los perros hambrientos. El visitante miraba hacia ellas con una atención desmedida, pues no podía imaginarse a esas dos mujeres sin sus plantas y sus animales. De repente entendió que Nina y su madre eran ya la misma persona. Ella y su madre en un mismo rostro, como si en el transcurrir de sus vidas solitarias, se les hubieran mezclado en un sólo existir.

Fatigado y aturdido volvió al interior de la casa. Los que estaban en la puerta desaparecieron al verlo avanzar hacia ellos. En la calle el número de vecinos aumentaba por momentos, desatando un murmullo creciente. Dentro de la casa había muchas más personas de las que originalmente estaban. Aún dudaba de enfrentarse a esas mujeres y niños. Definitivamente había cometido un error al pensar que iba a encontrar la misma familia que él había dejado. Sólo había considerado cambios menores; pero todo, absolutamente todo, era diferente. En cierta ocasión, cuando las cartas comenzaron a escasear, creyó que la distancia no sería capaz de destruir una familia, que ella permanecía constante por encima de todo y a pesar de todo. Tuvo esa ilusión, pero el tiempo y la madurez, le hicieron ver que no era así, que algo más profundo se debilitaba lentamente, y no era precisamente el amor, sino eso que podía llamarse "concepto de familia" y que parece ser bastante frágil.

A medida que las horas pasaban la situación se le hacía más difícil, la concurrencia fuera y dentro de la casa aumentaba a un ritmo alarmante. Miró, una vez más, cada rincón de la sala. Casi todo permanecía igual. Se asomó al patio, y en el fondo vio a una mujer gorda, de pelo canoso, que movía el cuerpo mientras restregaba alguna ropa en el lavadero. No le podía ver el rostro, pero estaba seguro que era su madre. La llamó pero la mujer no respondió. Ni siquiera se volvió. Desde la entrada del patio se podía ver también la cocina. Entonces el hombre encontró que la misma señora que lavaba, estaba revolviendo una cazuela de arroz con una espumadera de madera. La volvió a llamar sin encontrar respuesta. El hombre comenzó a hablar apresuradamente, casi a gritos, hasta que se hizo una momentánea y casi total oscuridad a su alrededor.

Fue recorriendo pausadamente toda la casa. En el cuarto vio que el cuadro con la imagen de Cristo que colgaba encima de la cama, ya no inspiraba respeto; por el contrario, descubrió en el lienzo una sonrisa burlona. Detalló el librero, su librero. Ya no sabía ni de quién era y mucho menos cómo llamarle. No había libros, sólo trastos y adornos de mal gusto ocupando los estantes. Primero con cautela, luego con cierto abandono y frustración, regresó a la sala que ya estaba colmada de gentes. Todos lo miraban con odio. Comprendió que nunca debió haber realizado el viaje, que su familia no existía, y que jamás sabría dónde encontrarla. Al llegar al salón, por primera vez los que allí estaban no se apartaron para abrirle paso, sino que se acercaron a él amenazantes, con los puños cerrados y los rostros enrojecidos por una furia delirante. Todo llegaba a su fin, pero a un final que aún no podía predecir. El hombre sintió de repente tanto miedo que trató de huir sin conseguirlo. Un portazo que no supo de dónde provino, dejó la sala de la casa vacía, sin muebles, sin un televisor nuevo, sin pomos de medicinas con etiquetas vencidas. Sólo gente empujándolo hacia la calle, golpeándole el rostro. De pronto descubrió con horror que su casa estaba apuntalada como el edificio vecino, que las ventanas permanecían cerradas y polvorientas. La puerta de la calle, quizás por primera y única vez, estaba cerrada con llave. Las gentes comenzaron a gritar insultos y a patear al hombre que desvanecido permanecía inmóvil sobre el pavimento, escuchando nuevamente voces que le eran familiares, las voces de sus hermanas, de su madre, mezcladas con alaridos histéricos y de repudio. A medida que la algarabía se hacía ensordecedora y en el justo momento en que se retorcía de dolor, vio en el jardín, triunfante, alzándose como nunca, la enorme mata de areca cubriendo y penetrando la casa, de la que sólo quedaba ya una armazón en ruinas.

ENTREVISTA

Una secuencia de hechos ocurrieron a lo largo de aquel día, con la suficiente coherencia como para dejar huellas, definir destinos y complicar la existencia. A media mañana con un hambre atroz decidí sacrificarme y hacer una cola descomunal de más de una cuadra, para comer una pizza. Esa noche iría a una fiesta y no podía darme el lujo de beber los mejunjes caseros con el estómago vacío. La cola me tomó dos horas y media, que teniendo en cuenta la hora y el calor, duplicaban el tiempo. Antes de que el portero gritara ¡cuatro! desde la puerta, indicando que había una mesa disponible, me tomaron de la mano. No me atreví a mirar de pronto, aun cuando el instinto supone esa acción, que a fuerza de ejercicios he logrado dominar. El tacto sugería una mano pequeña, suave. De pronto tiró de mí y dijo *papá*. Tengo que reconocer que sentí un gran alivio. Miré al niño, le acaricié la cabeza y le dije que yo no era su papá. Casi al instante un señor sonriente atrajo al pequeño hacia él y me ofreció disculpas. Cuando todavía no habían concluido los comentarios sobre el incidente, el portero, por fin, llamó ¡cuatro!, con un tono cantado que recordaba algún antiguo y olvidado pregón callejero. Subí las escaleras rápidamente y mientras caminaba hacia la mesa los ojos se me iban hacia los platos. ¡Qué hambre!, me dije mirando a cuanto dependiente me pasaba por el lado, como clamando misericordia. La mesa no la completaron con otras personas como era usual que ocurriera, pero esporádicamente aquel desliz del portero ocurría, sobre todo cuando se le dejaba alguna propina al entrar, que no fue el caso. Mientras comía miraba al niño que me había tomado de la mano y pensaba que ya era hora de tener un hijo, hacía tiempo que ya era hora, pero siempre posponía tomar una decisión al respecto. Las razones abundaban desde luego, y todas las consideraciones eran de peso, sin embargo había algo que sólo yo sabía, que no expresaba a nadie y que automáticamente bloqueaba en el momento de cuestionarme a mí mismo. "¿Qué esperas para casarte?", me decía mi madre. "¡Ya es hora de asentar cabeza!, ¿no te parece?", a cada rato me soltaba mi tía con ironía. Una vecina con la cual rehusé tener sexo —era demasiado fea para mi gusto; además, no tenía casi tetas—, intentó desprestigiarme por todo el vecindario diciendo que a mí no me gustaban las mujeres, pero aquello no trascendió. Para los imprudentes sin tacto que me preguntaban siempre tenía la misma respuesta: hay gentes que se casan y otras que no se casan; yo estoy en el segundo grupo, pero aquello no era muy convincente para nadie.

Aunque la evasiva me había funcionado muy bien, en realidad yo deseaba un hijo, tal vez por aquello de quién se ocupará de mí cuando esté viejo, que aunque parezca ridículo y llorón es una realidad aplastante y espantosa. Sólo los hijos se ocupan de los padres. No hay hermanos, ni tíos, ni mucho menos primos, que asuman, que carguen con un pariente viejo, sólo un hijo lo hace. Sé que me pueden desmoronar mis alegaciones con cientos de casos de hijos que abandonan a sus padres, que los envían a los siempre deprimentes asilos. Es cierto. No me caben dudas de que cientos de hermanos, sobrinos y primos se han responsabilizado con sus allegados, pero puedo poner contra todos esos argumentos demoledores, millares de otros ejemplos que demuestran lo contrario. Yo necesito un hijo ya, me dije mientras pagaba la cuenta y me marchaba de la pizzería con la barriga llena, pero de mal humor.

El resto de la tarde la pasé mezclando el incidente, o más bien la consecuencia del incidente, con buscar entre mis amigos del barrio, un *pitusa* prestado y unos zapatos también prestados para ir en la noche a la fiesta de Elena. Ya yo tenía una camisa que había comprado a unos nadadores mexicanos en la Ciudad Deportiva, durante unas competencias internacionales. Por cierto, pensé que el corazón se me iba a salir del pecho. Era la primera vez que yo hacía un negocio directamente con extranjeros y si me arrestaban cualquier cosa podía ocurrir, desde el simple decomiso de los artículos, hasta acusarme de agente de la CIA, que sí sería un problema grave. Partí de allí a toda velocidad, nervioso, quedándome con la camisa y vendiendo días después unos pantalones que no me servían de cintura.

Mientras me bañaba, no sé si también el hecho de estar en contacto directo con el sexo al restregarme influyó o no, pero tomé en unos instantes la decisión que había pospuesto durante tantos años. En realidad lo que ocurrió fue que las consideraciones que había sustentado para mantener una posición negativa, súbitamente se tornaron de menos peso, confluyeron hacia un punto medio, más calmado, más realista, definitivamente mejor. Es de destacar que los argumentos que yo mismo manejaba para respaldar una postura y defenderla, eran los mismos que empleaba para aceptar y proteger la otra con solidez. Algo muy extraño, pero válido, al menos para mí.

De un momento a otro sería un padre feliz, muy responsable, entregado de lleno a la educación —que desde luego sería brillante—, de mis hijos. No había terminado de secarme, cuando nuevos análisis comenzaron a aflorar, llevándome de inmediato a asumir una posición de rechazo. Sin embargo me molestaba la inconsistencia, esa dualidad que no me llevaba a ningún lugar. Ya yo era lo suficiente mayor como para tener posiciones claras, sin ambigüedades que sólo proyectaban la imagen de un hombre inseguro, carente de personalidad. Esto me lo decía yo mismo, nunca se lo manifestaba a nadie, pero bastaba que yo supiera de semejantes debilidades para sentirme mal. Para todos los que me conocían, yo daba la impresión de ser una persona sin grandes conflictos, incluso algunos amigos me elogiaban por mi actitud hacia el matrimonio y los hijos. Pero qué débil yo estaba. Cada vez me sentía más necesitado de... sí, es así... realizarme como padre. Lo demás es querer embellecer con palabras más rebuscadas la misma expresión.

Pensé meterme en la cama y no ir a ningún lado, en realidad desde que el niño me tomó de la mano y me dijo papá, me sentía indispuesto y abúlico, pero el calor era tan abrumador, aun habiendo oscurecido ya, que decidí irme a la fiesta. El trayecto no influyó en mi estado de ánimo, por el contrario, sólo le daba vueltas y más vueltas al dilema, como si decidir tener un hijo fuera comprar la paternidad en una esquina. La bobería en torno al asunto me molestaba, así que comencé a bloquear cualquier pensamiento relacionado con ello. Para mí era fácil hacerlo pues a través del yoga alcanzaba un estado de concentración casi ideal.

"¡Qué coba!" me decían mis amigos al verme llegar. "¡Tremendos tacos!" "Oye, ese balín es el de Albertico". Era usual llegar a un sitio y recibir comentarios acerca de la vestimenta, y enfrentarse a otros que conocían la procedencia y dueño de alguna prenda prestada. En general me satisfacía ser el centro aunque fuera por unos momentos, ya que en cuanto entraba otro invitado la atención cambiaba de inmediato. Analizándolo fríamente era un alivio, pues ser la comidilla de un lugar toda una noche es bastante desagradable, además no faltaban los envidiosos de costumbre, que se aproximaban "accidentalmente" con un cigarro y le abrían un hueco a la camisa.

Pero así es, a lo largo de aquel día ocurrieron hechos con la suficiente coherencia como para dejar huellas, definir destinos y complicar la existencia. Me desagradaba lo que me rodeaba, la superficialidad, la vulgaridad, la falta de un objetivo claro, de una manera personal de vivir. Todo esto me estaba tocando muy adentro, me penetraba demasiado. La música, la de siempre, desde luego, me parecía mala y demasiado alta, la cerveza caliente, el ponche era peor que el mejunje que yo había imaginado y los comentarios de mis amigos sonaban como inoportunas patadas en el culo. Pero me reía a carcajadas sin saber por qué.

Muchos de ellos estaban casados y tenían hijos y todos sin excepción se lamentaban de su destino, sobre todo cuando estaban borrachos. En realidad, mis amigos de infancia, mis compañeros de escuela, eran literalmente unos frustrados con familia y obligaciones impostergables. Ninguno de ellos, que también compartieron conmigo el servicio militar, había logrado una carrera universitaria. Muchos trabajaban en el campo, en fundiciones de metales, yo era nada menos que un sepulturero que recibía buenas propinas de viejitos por cuidar bóvedas que nunca limpié, que ni siguiera me tomé el trabajo de localizar por si volvía el pariente del difunto y me reclamaba algo.

Tanta miseria generalizada, tanta frustración me habían hecho lo que soy en realidad, un amargado, un farsante consciente de su falsedad, un ser abúlico, que asiste a fiestas sin resistir la música, que comparte con amigos cuando aborrece los tumultos, que proyecta la imagen de entender lo cotidiano de una manera, cuando en verdad sabe que no hay salvación, que no hay arreglo posible. Un hombre que añora un hijo, pero que no tiene fuerzas ni posibilidades de educarlo. Porque, para decirlo con toda claridad, yo también estoy en el grupo de los que se hundieron, al que le pidieron un sacrificio supremo para las generaciones futuras, y tras llegar el tiempo esperado, escucha el mismo pedido. Yo soy otro de los estafados, aunque a diferencia de mis amigos, estoy verdaderamente consciente del engaño. Pero como ellos tengo miedo, de la misma manera que también tengo miedo, un miedo insoportable a tener un hijo en unas circunstancias que no han variado, que no van a cambiar.

La música se hizo más llevadera, bailé horas, sin detenerme, sudando a raudales, no había nada que me detuviera. En realidad buscaba un agotamiento total. Bebí mucho pero no a emborracharme. Me entregué de lleno a la fiesta pero la mano del niño agarrada a la mía volvía y volvía.

Cuando amaneció desperté junto a Elena que tan pronto me sintió se levantó de la cama y fue a la cocina para hacer café. Estaba alegre, burlona conmigo, satisfecha como nunca, pues al fin yo había accedido a tener un hijo con ella. Muchas veces conversamos sobre el tema, ella deseaba quedar embarazada, como Dios manda, decía, sin que esa expresión aclarara mucho, pero exigía que el padre desapareciera, que no le reclamara nada. *Pum* y ya, decía escenificando lo que necesitaba. Yo siempre me resistí a aquello, me parecía una monstruosidad.

Al enterarme de que sí estaba embarazada enfrenté la realidad, sólo le pedí que al parir me dejara ver a la criatura y que me permitiera mamar de la leche de sus tetas hinchadas. Nada se cumplió, Elena tuvo una niña, se llama Elena María, yo nunca la he visto, pues antes de que diera a luz, fui a parar a la cárcel por "tráfico ilegal de divisas", es decir, comprar dólares a un extranjero —en realidad me había hecho un experto en el peligrosísimo oficio de tratar con extranjeros—. Pasé diez años en la cárcel y ya llevo seis fuera de mi país. Nunca he visto a mi hija, ni siquiera en fotos. La madre aprovechó mi encarcelamiento para mostrarme como un delincuente que jamás se ocupó de su familia.

Un amigo de mi infancia que era carcelero en la última prisión que soporté antes de que me enviaran a los Estados Unidos en un barco, me dijo que mi hija me aborrecía...

Eso es todo. Creo que he sido bien amplio y preciso como me pidió, ¿no le parece?

Sí, gracias. Bueno, ustedes han escuchado el testimonio de Samuel. Patético, ¿verdad?. Hay más, mucho más. En cuanto regresemos de estos interesantes comerciales, escucharán otra impresionante historia.

No se muevan de sus televisores, en un momento regresamos con nuestro tema del día: Padres que no conocieron a sus hijos... Ya volvemos.

SOMBRAS DE UNA CARTA

Siempre encontramos algo que nos produce la sensación de existir.

Samuel Beckett

Si en vez de esa luz que pasa a través de los cristales y que ocupa lentamente el cuarto, entraras tú, te aseguro que todo sería distinto. Si ese ruido que acabo de escuchar en la reja de la calle, que para mí ocupa el centro de la noche, fuera tus manos tratando de abrirla para alcanzarme, nada entonces hubiera ocurrido. Me pregunto cómo contarte lo que pasó, detalle por detalle, como sé que a ti te gusta que lo haga, sin que al intentarlo no esté pensando en tu reacción.

Una vez más estoy en esta habitación, donde el silencio se encarga de abarcarlo todo. Donde el único olor reconocible es el mío, y me abruma. Estoy sobre la cama, supongo que hace frío, pero no me cubro. La luz está apagada, y como afuera hay viento, los escasos árboles que conforman el paisaje monótono de la ciudad, se mueven escapando y ocupando el sitio del farol público. Mi cuarto se inunda de esa sombra, y es una sombra más que descubro. Me resisto a pensar en lo que pudo, o aún puede significar el encuentro. Sólo me atrevo a recordar que hacía una cola inmensa para entrar al cine, cuando de pronto la vi abrazándome. Lo hizo con tal fuerza que perdí el equilibrio. También me besó. En estos dos detalles específicos está lo importante, pues después de mucho tiempo, por primera vez, en ese instante irrepetible, sentí como si me estuvieran amando. Sus brazos se envolvieron en mi cuerpo, y el color que le había dado a sus labios, si había alguno, lo imaginé delineado en los cañones de mi barba. Creo hasta haberla llamado, pero en la confusión y la muchedumbre no recuerdo bien cómo ocurrieron las cosas. Sabes, me sentía tan solo, que al verla, los espacios se empezaron a llenar de su figura y la mía, hasta hacerse algo cerrado, realmente compacto. El cine, los salones atestados, hasta las gentes, comenzaron a tomar parte de esa armonía. Me alegré de verla, o de volver a verla. Sin darme cuenta me bastó su extraña presencia para sentirme menos solo. Y eso me hizo temer.

Como generalmente ocurre en esos encuentros fortuitos, la conversación se desarrollaba entre palabras que uno se resiste a escuchar y el tono conveniente que el momento exigía. Hablamos de la película que veríamos, de libros recién leídos y de todas esas otras cosas que se olvidan, porque no reflejan nada más que una pose, un comportamiento intelectual. De repente estábamos mirando juntos la película. Su piel rozaba la mía. Y en el momento más insignificante de la tarde, que ya pretendía caer, me vi con ella en el carro. El lugar reservado para ti, tenía a otra persona. En realidad no preví que pudiera ocurrir un inconveniente de ese tipo.

En la oscuridad estoy sobre la cama, y pienso en ella; pero tu imagen se interpone y me detengo. En realidad desconozco qué incoherencia se esconde en mí. Nunca he podido imaginar todo un cuerpo. Sólo pedazos de cuerpos, seres fragmentados. Pero aún así, en destellos, resultan bellos y hasta armoniosos. Con el tirón que le dio a la puerta del carro, su pelo rubio comenzó a girar, más bien a danzar, hasta llenar el interior del auto. Yo me debatía entre el enredo que desataban sus cabellos y el olor que producían. Al entrar puso el cerrojo a la puerta. No sé por qué lo habrá hecho; pero desde ese momento comencé a sentir miedo. Como suponía, la conversación se hacía larga y aburrida. Habría que saber limitar el tiempo de una visita, de un encuentro, de la confrontación de dos cuerpos. De repente me cogió las manos. Fue ella. Yo no hice nada, aunque había pensado hacerlo. Al sentir mis manos entre las suyas, no pude evitar apretárselas. Le sudaban como si lloviera a través de ellas. Tal vez fueran las mías. Me dijo que le gustaba acariciar mis manos. Estas, pensé. Estas manos que sólo yo conozco y que en el tiempo se han ido deformando. Un dedo torcido por una herida, las llagas que el trabajo infernal e incesante, me ha producido. Pero eso dijo, y como me pareció una burla, traté de olvidarlo; sin embargo ya ves, no he podido.

Sigo en mi cuarto, que es a su vez toda mi casa, y me siento indeciso. No sé si continuar, o describirte lo que está pasando en este mismo momento. Sí... todo ha comenzado a moverse. Los libros se caen de sus estantes y se abren en las páginas más blancas. El pomo de la puerta hace por girar. Las cosas lentamente se tornan menos humanas, más reales. Pienso que puedas ser tú. Deseo que seas tú. Pero ¿y si es ella? Aquí no la quiero. No estoy dispuesto a mostrar ni mis miserias, ni mi casa. Paso el cerrojo, aseguro las ventanas, me escondo bajo la cama; pero ésta comienza a levantarse de su base, y me descubre. Sus manos —o las tuyas— dan puñetazos contra la madera, contra los cristales, contra el viento que revienta. Comienza a llover.

Traté de mirarla bien. Hasta ese momento todo había sido una gran mezcla de imágenes que se amontonaban sin sentido. Intenté varias veces mirarla, pero desde ella se extendía la noche y una oscuridad infinita. Al fin la vi, eso creo, tal vez lo esté imaginando. No sé, una piel blanca, muy blanca. Quise acariciar sus senos, pero me pareció que era mejor esperar. Me gusta ir descubriendo los cuerpos lentamente. Un cuerpo desnudo es como haberlo alcanzado todo de una vez, y eso no me interesa. De pronto descubrí que estábamos solos en un enorme parqueo. El mar que se suponía tan lejano comenzó a inundarlo, y a expandir su olor, que al menos yo inhalaba profundamente para saciarme. Sin embargo ella no mostraba señales de entender lo que pasaba, lo que venía aconteciendo desde el instante en que nos vimos.

Me habló de su vida, supe de sus temores, y yo le hablé de tu amor. Ella supo de tu existencia, pero mis palabras fueron tan vagas, que nunca pudo imaginarte. Aunque creo que entendió, pues sus comentarios traían la esencia que yo había manejado. Volvió a apoderarse de mis manos, mientras yo me sentía regresar a un encierro ineludible. Habló de mi forma de mirar, y le sonreí. Sin embargo sus ojos sí me recuerdan otros: los tuyos. Pero aún así son distintos. Creo que no hay nada que los iguale a los tuyos. Tampoco lo quiero... Tal vez un ligero tono en el color. Su piel no es joven, pero su pelo se asemeja a mayo, huele casi a verano. Demora en hacerse oscuro.

El estacionamiento inundado de mar, nos fue empujando hacia una extraña orilla, que por serena, se hacía comparable a la muerte. Nos apeamos del auto, y ahí me sentí más cerca de ti. Caminamos cogidos de las manos, le pedí un beso, y me rechazó. Nos sentamos en la hierba bajo un árbol envejecido que chirriaba por el viento. Le pedí que me hiciera el amor. Se lo dije porque mientras hablaba estaba recordando que, unas horas antes, al verla, había experimentado la sensación de ser amado. No me respondió. Le abrí la blusa y acaricié uno de sus senos suavemente. Ella apretó sus labios. Me acosté sobre la hierba y cerré los ojos. Trataba de encontrar un desenlace para acabar con toda esa situación creada, tal vez por tu presencia, o la mía. Al abrirlos ella ya no estaba a mi lado y yo tampoco continuaba cerca del mar. Para mí, muy despacio, todas las cosas habitadas se me fueron haciendo reconocibles, mientras algo brotaba y llenaba mi cuarto.

Pero lo más importante no es que sigo tendido, sofocado y hastiado sobre la cama —que mañana al amanecer aparecerá marcada con una mancha de bordes irregulares— sino que he descubierto que ella ha estado espiándome desde la ventana. De repente sus manos se apoyan extendidas sobre el vidrio, y al cerrarlas lentamente siento como si me atraparan. La siento llegar al borde de la cama y reír. Sus ojos me miraron como los tuyos, estaba casi seguro que ya estabas a mi lado. Me sentí tan confuso que les grité... Al pronunciar tu nombre se fueron. Cuando miré de nuevo a la ventana el paisaje era otro, mucho más luminoso. No la vi partir, no la he vuelto a ver. Pero cada día que pasa, presiento que me persigue como una sombra; la sombra más extraña y misteriosa. Sin embargo a veces quisiera que volviera, aunque sea por un instante brevísimo. No sé exactamente para qué deseo que regrese; pero a veces pienso que necesito decirle algo revelador. En realidad la he buscado por todos los sitios que visitamos juntos sin resultado. El único lugar que no he podido localizar ha sido la otra orilla, aquella a la que fuimos a parar esa noche, esta noche. Quizás esté allí. Necesito encontrarme de nuevo con ella, para hablarle, decirle cosas que oculté, para tratar de saber, si esta duda que me agobia es cierta. Si en ella estabas tú, o tú en ella.

OTRA FORMA EN EL TIEMPO

Si no hubiera sido porque el 18 de octubre del año en que cumplí los 23, me la encontré en un restaurante de segunda categoría en Hialeah, estoy seguro que nunca me hubiera acordado con tanta nitidez de ciertos momentos de mi vida, de mi adolescencia, que han regresado con más fuerza desde el mismo instante en que la vi. Había ido a ese lugar algo impulsado por el instinto, más que por el deseo, y por esa vieja, pero no extraña costumbre de comer pizzas.

Ella estaba allí, diría que como esperándome desde hacía mucho tiempo. Al principio no pude determinar si se encontraba acompañada o no, tampoco era mi intención averiguarlo. Sin embargo, más tarde pude descubrir que mientras ella tomaba una cerveza en el bar, intercambiaba palabras y gestos, con dos hombres bastante jóvenes, uno de ellos con la camisa abierta, y el otro ostensiblemente borracho, que jugaban en una mesa de billar.

Yo había ido a la barra a comprar una cajetilla de cigarros y de regreso pude verla mirándome con marcada insistencia. Mi primera reacción fue la de hacer como que no la había reconocido. No tenía deseos de hablar y mucho menos de verme obligado a compartir con sus acompañantes, sobre todo con el borracho. Si ella hubiese estado sola hubiera sido distinto. Al avistarla se desataron en mí una infinidad de reacciones encontradas. A los pocos minutos de haber regresado a la mesa, pude contar en el cenicero cinco colillas; demasiadas para mi costumbre de fumador, y sobre todo en un restaurante. Desde que me senté, no hacía otra cosa que echar humo y recordar, con detalles que alcanzan más allá de lo que uno se cree capaz de poder almacenar en el cerebro, todo aquel tiempo que duró nuestras relaciones.

Pensé abandonar el lugar y olvidar la orden pedida, para evadir así un casi inevitable encuentro, pero se me antojó un acto de cobardía innecesaria, y sobre todo inútil. Lo que pudiera suceder entre nosotros, resultaría insignificante, ante lo que ya había comenzado en mí. Yo estaba muy lejos de tener un verdadero control de la situación y sobre todo de mí mismo, aunque lo disimulaba muy bien. No dejaba de sentirme incómodo. Comía con normalidad, pero me costaba trabajo tragar. Miraba con apatía hacia otras mesas, pero en realidad no dejaba de observar la puerta que conducía al bar. Ella de repente apareció sonriente frente a mí.

Su valentía me desconcertó en extremo, me turbó su desafío. Me resultó muy extraño que abandonara a sus acompañantes, si es que en definitiva estaba allí con ellos, para acercarse a mi mesa. Algo inexplicable ocurría en ella, más después de haberme rehuido tantas veces. Llegué a pensar que había notado mi nerviosismo y que por eso se envalentonaba; pero dudaba, no la creía capaz de percibir mi descontrol interno, que yo procuraba no exteriorizar.

Sus ojos habían perdido la expresividad que les había atribuido durante años, una expresión de azoro, de búsqueda. El pelo le caía a la espalda más largo que en el recuerdo y le quedaba bien así. Estaba ojerosa, un diente parecía ennegrecido por una carie. También lucía gorda. Aunque ella era bastante mayor que yo, su actual estado físico la envejecía, le agregaba años que no tenía.

Pensé invitarla a comer, o si lo prefería, a tomarse una cerveza más, pero me abstuve, pues tal vez lo interpretaría como un intento por romper el silencio que nos separaba; además, no quería ser yo el primero en hablar, y tampoco tenía nada que decirle.

Fue durante el último año en la escuela que comenzaron nuestras salidas, las visitas al cine, sus deseos, y mis respuestas a esos deseos. Cuando terminaron las clases nos vimos unas pocas veces más hasta que se aburrió. Además la directora de la escuela primaria me prohibió volver. Sin embargo, yo la buscaba, dejaba de asistir a clases para encontrarme con ella, inventaba pretextos para subir a su aula. Al final, para deshacerse de mí, inventó una historia que me desequilibró, que me espantó y me hizo temer encontrarme de nuevo con ella.

Mientras la miraba, después de tantos años, comencé a recordar cosas que hicimos, o mejor que ella hizo conmigo. Yo todavía salía saltando de la escuela, subía al muro que la rodeaba e iba haciendo equilibrio por el estrecho borde. Pero ya para esas horas de la tarde había experimentado placeres enormes, ella le había suministrado caricias a todo mi cuerpo, y también yo había puesto mis manos donde ella me había pedido.

Si no fuera por esa estupidez mía de sentir pena por las personas, aun por aquellas que con sus acciones y miserias me han dañado, sobre todo con las que jamás esperé que me dañaran, estoy seguro que la hubiera sacado de mi mesa. Pero una vez más sentí una gran lástima. Recordaba que mi pasado con ella, no había sido enteramente desagradable. Sin embargo me sentía turbado, su presencia me molestaba, nuestro último día juntos pasaba por mi mente como lo que fue, algo desgarrador, pero los momentos anteriores me invitaban a tenerla cerca.

Por ella jamás sentí otra cosa que no fuera curiosidad, y, por otra parte, desde una perspectiva infantil, era una persona utilizable, pues gracias a ella (y esto yo lo consideraba una gran ventaja) podía entrar a los cines, donde las películas eran no aptas para menores de 12 años. Cuando comenzamos, su comportamiento era nuevo para mí, pero lo aceptaba. Creo que mi timidez no me hubiera permitido rechazarla. Tampoco creo que ése hubiera sido mi deseo.

Nada me pedía, no exigía nada, tan sólo un silencio total, una complicidad por algo que yo consideraba normal, una fuente de orgullo, de hombría prematura. Me pedía una discreción que yo no entendía, pero que tampoco me aventuraba a cuestionar. Ella me amenazaba con abandonarme si no la complacía en ese sentido. Y yo, desde luego, la complacía. No puedo negar que con ella descubrí la profundidad de un cuerpo, el olor de un sexo de mujer, la dilatación de los pezones por el tacto. Y esos son recuerdos claros y únicos, hermosos e inolvidables.

Cuando uno menos lo desea los recuerdos se agudizan. Mientras la miraba pensaba en el verano, en el atardecer de un verano en la escuela a finales del curso. Nosotros dos nos habíamos quedado en el colegio, con el pretexto de acondicionar el aula para la fiesta. Primero me pidió que me quitara la camisa, alegando que iba a sudar mucho. Sus manos acariciaron mi pecho mientras me ayudaba a deshacerme de la ropa. De esa tarde tengo el más viejo recuerdo de mi sexo deslizándose dentro de una mujer. Es un recuerdo vago, y tal vez hasta algo falso, pero lo he guardado como si respondiera a una realidad. Ella tomó mi mano y la llevó hacia su sexo para que yo lo acariciara. Sentí algo tibio. Recuerdo su mirada, sus labios abultados. Sus ojos entrecerrados por unos instantes. Su expresión me daba miedo; no sabía qué hacer. Escuché un jadeo que yo confundí con un quejido de dolor y retiré mi mano. Ella me miró con unos ojos grandes, muy expresivos, y me preguntó si no me gustaba tocarla *ahí*.

Nuestros encuentros anteriores habían sido menos significativos, se limitaban a dejar que sus manos entraran por la portañuela del pantalón del uniforme escolar. Mi mayor participación había sido besarle los senos, unos pechos enormes y deliciosos. No creo que supiera esto hace tantos años, pero sí sé que yo los buscaba todos los días. Recuerdo con exactitud que era lo primero que me brindaba cuando yo entraba en su aula, durante la hora de almuerzo. De repente, sin que me diera casi cuenta, quedé desnudo delante de ella; mis ropas habían desaparecido entre sus manos. Ella aprovechó ese día único para saciar todos sus deseos reprimidos; reprimidos por la urgencia del tiempo, por el temor a que alguien apareciera de improviso, no porque fuera capaz de inhibirse por mi edad o mi físico. Sus ropas también estaban sobre una mesa, y su cuerpo enorme me hizo temblar de placer y de miedo.

Todo lo demás se interrumpe en el orden de este recuerdo. No tengo consciencia de lo que ocurrió después, hasta que resurge de nuevo en el momento en que me hundí en ella; creo que me hundí. Me había acostado sobre una mesa, luego me haló por los pies hacia ella. Mis piernas quedaron colgando, mis nalgas casi no lograban sostenerse en el borde de la mesa. Después se subió sobre una pequeña silla y acercó su gigantesca figura hacia mí. Fue una sensación nueva, que nunca más he vuelto a experimentar como aquella vez. Si la considero tan especial es porque no es un recuerdo del todo erótico, más bien es un mezcla de placer y descubrimiento infantil. Yo no profundizaba en ella: era ella la que me succionaba. Puedo recordar con una exactitud que hace imposible la realidad, que yo me deslizaba hacia su interior fuera de todo control.

En el restaurante todo parecía normal, pero yo la miraba con furia. ¿Por qué con furia? Yo había disfrutado todo aquello, pero a su vez sentía que hubiera querido rechazarlo. Sin preguntárselo me dijo que su marido era el muchacho de la camisa abierta. No había hablado antes, sus primeras palabras fueron para anunciarme que no estaba sola, que se había casado. Una intuición me había avisado que alguno de aquellos hombres era su amante; tal vez la extrema juventud de uno de ellos, 18 ó 19 años. Su predilección por los niños, o por los muchachos como los del billar que aparentaban menos años de los que debían tener, era muy bien conocida por mí.

Desde que me mencionó al muchacho que vivía con ella, no dejó de conversar sobre él, agregando con toda intención detalles íntimos que no venían al caso. Ella estaba procurando el tema *de nosotros*, y, aparentemente, ese joven era el medio para lograrlo. Era más bien un monólogo, pues yo apenas me limitaba a responder con monosílabos, con alguna que otra nota irónica. Pero a qué se debía todo aquello, por qué estaba aceptando no sólo su tema de conversación, sino hasta su tono, sus miradas inquisitivas, su presencia que no deseaba del todo.

No sé si espontáneamente ella decidió hablar, o si fui yo el que cometió alguna imprudencia involuntaria, que le dio pie para no cesar de soltar palabras, de explicar la razón de sus preferencias sexuales. Me hizo una increíble historia de su pasado infantil, para llegar luego a detallarme su predilección por los niños en tránsito hacia la adolescencia. Tal vez intentaba justificarse conmigo; incluso llegó a decirme que allá me tenía miedo, que por esa razón luego se escabullía cuando yo estaba cerca. *Eras tan niño* —me dijo, y agregó— *pero un niño tan lindo*. Su sinceridad me turbaba a la vez que me hacía revivir momentos precisos, no de temor y huida, sino de placer y regocijo. Tomó un poco de cerveza e hizo un largo silencio, que yo acepté. Sus manos estaban sudorosas. De vez en cuando se volteaba a mirar hacia la entrada del bar, donde los dos hombres continuaban en su juego sin notar la ausencia de la mujer. Entre ella y yo acabamos la caja de cigarros recién comprada. Tras la larga pausa, que ocupamos en tragar humo y sorbos de cerveza, ella volvió al tema de los adolescentes, con más desenfado, con mayor sinceridad. Sin mirarme, sin apartar sus ojos del vaso que tenía entre sus manos, recalcó: *Pero me gustan*. Cuando habló de esos muchachos lampiños, de piel suave, sus ojos se tornaron lujuriosos, su voz entrecortada. El tema era escabroso, y si lo conversaba conmigo era porque yo había sido una de sus "víctimas", o más bien de sus "cómplices".

Ella sabía que su mundo no era desconocido para mí. Yo me había limitado prácticamente a escucharla, nada más interrumpía su descarga en los momentos en que la notaba indecisa. Una morbosidad inexplicable me mantenía atento a cada una de sus palabras. Las cervezas continuaban llegando a nuestra mesa, el cenicero era sustituido constantemente por una camarera, que no sé por qué me pareció conocida.

Para ella un joven de 11 a 13 años era la razón de su satisfacción. Dijo que cuando *estuvo conmigo* ya yo estaba interesado en el sexo. No le respondí, pero no creo que fuera cierto. Su voz se tornó grave, y agregó, con cierta ironía, *ya tú te venías*. Tampoco lo recuerdo. Lo que sí puedo precisar con exactitud es que desde que se alejó de mí, comencé a juguetear con mi sexo cada noche. Tengo la certeza de que ella disfrutaba de mi timidez —aquellas tardes en el aula—, mientras me proporcionaba momentos desconocidos.

Hubiera querido permanecer callado, pero algo se desató en mí, no fue furia, ni rencor. Tan sólo sentí la necesidad ineludible de decirle aquello, de dejarle saber qué pensaba. Ella estuvo de acuerdo conmigo, y se justificó alegando que era también muy joven. Sentí pena, no por lo que hizo, y seguramente seguirá haciendo, sino por sus dudas, por su necesidad de conversar, por su evidente inquietud en indagar qué pasa después, años después. La conversación tomaba matices insospechados. Llegué a comprobar que ella era mucho más inteligente de lo que había imaginado, más curiosa, y que sabía llevar una conversación tan escabrosa por un camino mutuamente justo. Hoy creo que en sus actos de antaño no había maldad, ni siquiera intención de hacer daño. Ella tan sólo buscaba placer, saciar y saciarse. Y fue justamente eso lo que me dijo cuando le pregunté.

Los niños de la escuela hacían chistes con relación a la maestra. Algunos, cuando me hablaban de ella, se referían a *tu novia*. Yo me sentía satisfecho de ser el hombre del colegio. Pero negaba que fuera mi novia, y lo hacía porque de niño casi todo se niega, porque no lo era en verdad y sobre todo porque le había prometido silencio. A la maestra le empezaron a preocupar los comentarios, temía ser descubierta, y en realidad no sé cómo no lo fue. Ella sabía que sería expulsada y hasta encarcelada por sus actos. No me caben dudas que la directora de la escuela lo sabía, o al menos lo sospechaba. La reacción de la maestra ante los comentarios, fue pedirme que no fuera más a su aula; a cambio, nos veríamos para ir al cine.

La sobremesa era demasiado larga, al igual que el juego de sus acompañantes. Su acercamiento tenía la intención de averiguar detalles, quería saber mi posición respecto a lo que hicimos durante casi todo un curso escolar. Yo no quería engañarla haciéndole una larga historia de traumas insuperables, cuando en realidad no me creía afectado, pero tampoco deseaba llenarla de elogios por su comportamiento. Después de todo, el estar juntos comiendo y bebiendo, era una prueba irrefutable de que nada especial había pasado en mí, o todo lo contrario. Conversar con ella, sentarla a mi mesa, era algo que todavía me mantenía confuso.

Ya llevábamos mucho tiempo allí; incluso yo, con mis comentarios, había contribuido a que la conversación se prolongara. Inicialmente me propuse no hablar, tan sólo dar respuestas breves, secas, incluso pensé que no iba a poder soportar un recorrido por esos años, por ese año específico que compartí con ella. De cualquier manera, al verla, yo sabía que resultaría inevitable hacer un recuento de ese curso escolar, pero quería realizarlo yo solo, a mi manera, y no inducido por una conversación, donde podrían, y así ocurrió, salir a relucir detalles que yo desconocía, que no tenía interés en conocer, y sobre todo que pudieran enturbiar, aún más, la forma en que he visto el pasado.

Como ya estábamos próximos a marcharnos y quería evitar una despedida donde pudiera haber alguna palabra mal empleada, alguna agresión final, opté por desviar la conversación hacia el presente inmediato; pero ella insistía en lo mismo. La invité a hacer el amor, utilicé ese término por costumbre, pero sencillamente la estaba invitando a acostarse conmigo, de una forma diferente, es decir como dos adultos, en un sitio apropiado y no sobre una mesa, en un aula de una escuela primaria. Su respuesta ya la esperaba, un *no* rotundo, seco, no ausente de malicia, donde no cabía pedir razones. No insistí en mi proposición y confieso que me hubiera visto en una situación nada agradable de haber aceptado.

La miré con deseos de tenerla, pero también de que desapareciera. El único tema no tratado por ella, era el que a mí más me había impactado en aquel entonces. No sé cuánto hubo de cierto, ni siquiera si fue la excusa perfecta para alejarse, para atemorizarme. *Vamos al cine esta noche que tengo que decirte algo importante* —así comenzó nuestro último encuentro allá. Me dijo lo del niño. Aunque sentía un tremendo miedo, me pasaba los días preguntándome cómo sería, si hembra o varón. Le inventé un rostro, le di nombres. Decidí que tenía que ser una niña. La hice crecer, la imaginaba más allá de toda realidad. Recuerdo que después de la fiesta de fin de curso, de la cita en el cine, pasaba por la escuela a la hora de la salida, para verla bajar acompañando a sus alumnos hasta la puerta. Ella me rehuía. Yo tampoco hacía nada por acercármele. Sólo la miraba. Le observaba su vientre que no crecía.

Después de todo no hablamos de eso, y yo tampoco quise llevarla a ese tema. Ya no me importaba. Nuestros minutos finales en la mesa fueron tensos. Ella intentaba justificarse, y yo disfrutaba de una mezcla de satisfacción y confusión. Se levantó lentamente y me dijo que iba al baño, pero yo sabía muy bien que no regresaría.

Al alejarse de la mesa había numerosas botellas de cerveza, una cuenta sustanciosa y varias cajas de cigarros vacías. Sentí deseos de fumar, pero no me atreví a regresar al bar. Después de la conversación tuve la sensación de haber cumplido cincuenta o sesenta años. Pero aquel 18 de octubre cumplí 23, nada más que 23.

UNA MUJER

A los pocos días de cumplir el segundo año en el negocio todo cambió de manera radical. Las finanzas de la empresa, que fluctuaban entre meses mejores y otros verdaderamente preocupantes, comenzaron a levantarse. Las ganancias netas se hicieron sentir tanto, que no quedó otra alternativa que contratar a una contadora, capaz de hacer los ajustes necesarios para librarnos de la enorme carga impositiva que se estaba llevando parte del dinero.

Aunque la compañía se mostraba muy saludable y las ventas subían aceleradamente, en realidad los vendedores, muy buenos y eficientes, marcaban la pauta, no mostrábamos entusiasmo al principio, al menos públicamente, para evitar —mi mujer es excesivamente supersticiosa—, que algo "fatal" cayera sobre nosotros. Nadie se explicaba cómo *ZAP Computer* había crecido de esa manera, a todas luces inexplicable, ya que en los alrededores existían otros negocios similares, sin alcanzar, ni medianamente, los mismos resultados que nosotros.

Apenas un año después, hubo que trasladar las oficinas, que ya llamábamos ostentosamente *centrales*, a un sector más exclusivo de Miami. Se comenzó a exportar hacia Latinoamérica y el Caribe de una manera consistente y cada semana aparecía un anuncio, a página completa, en ocho importantes periódicos del área. En fin, con ganancias de millón y medio de dólares, los temores al fracaso se desvanecieron, a pesar de las continuas consultas de mi mujer a cuanto santero, espiritista, cartomántico y líneas síquicas hubiera en la ciudad.

Tanto dinero, porque a todas luces las pautas las trazaba el dinero, desembocó en nuevas amistades y relaciones familiares que antes no existían. Mi esposa, con la que mantenía una relación conyugal que calificaría de equilibrada, se convirtió en cliente de una exclusiva boutique, comenzando a frecuentar reuniones sociales —donde las viejas de sociedad se hacían llamar por apodos, como Chicha, Cuca, o por el diminutivo de sus nombres, Esperancita, Carmencita—, que yo aborrecía, pero a las que concurría en ocasiones ineludibles. Ese mundo de superficialidad y falsa distinción que tanto me abrumaba y me extenuaba, dio lugar a tontas discusiones con mi mujer que había tomado aquello con excesiva seriedad. Por su parte mi hijo también me tenía agobiado, pero por razones diferentes: la abundancia que le proporcionábamos su madre y yo, la empleaba en coleccionar arte, pero me enfurecía que primara siempre, por sobre el gusto estético, el factor de la inversión monetaria.

El problema más grande de todos lo tenía yo mismo y el reconocerlo era un alivio a medias. Me excitaba de una manera incontrolable la contadora. Unos meses antes yo había seleccionado a mi secretaria, una muchacha joven que reunía las características físicas que más me complacían, pensando en un romance pasajero, ésa era mi inclinación como nuevo rico, pero por culpa del fisco hubo que traer a Isabel como contadora, cambiando la situación: era esa nueva empleada la que deseaba como secretaria, contadora, asistente personal, y como cualquier cosa, con tal de mantener un contacto directo y continuo con ella.

Algo extraño, sin embargo, la envolvía. No era una mujer bella. Su estatura sobresalía, dando la nota donde quiera que llegaba. Por momentos su comportamiento carecía de ese esperado toque femenino. Lo más llamativo eran las manos que dejaban entrever algo inusual. Me gustaba que siempre lucía un maquillaje aplicado con buen gusto y mesura, y que se arreglaba las uñas con un color suave de pintura. Como empleada era insuperable, muy curiosa, escribía 94 palabras por minuto, se sabía todos los trucos existentes para pagar lo menos posible al gobierno, hablaba poco, prácticamente había que sacarle las palabras de la boca, y me encantaba su prudencia, aunque precisamente algunas de esas cualidades la hacían impenetrable.

Las circunstancias crearon, un poco propiciado por mí, debo confesarlo, un contacto significativo entre ella y yo, pero a pesar de almorzar juntos con frecuencia y hasta hacer viajes fuera de la ciudad y del país, había algo que nos separaba. En ocasiones llegué a pensar que ese distanciamiento, que sin duda alguna ella procuraba, era intencional. Yo la deseaba, Isabel lo sabía, pero en realidad lo más importante no era acostarme con ella de inmediato, creo que eso lo hubiera podido lograr sin mucho esfuerzo, como ocurrió con la secretaria, sino todo lo contrario, prolongar al máximo el momento del encuentro físico. Todas las vibraciones y fuerzas que recorrían mi mente cada vez que la tenía al lado, me excitaban más que la posibilidad real de desnudarla en la oscuridad —algo que también me ilusionaba tremendamente—, y después de un largo tiempo de confrontación y disfrute, encender nerviosamente la luz, para que se revelara ella tal y como la deseaba, justamente como la había imaginado durante todos estos meses.

Mi secretaria, la pobre, bastante torpe y con un cerebro deficiente, pero deslumbrantemente bella —debo reconocer que sus pechos tan jóvenes y duros me enloquecían—, vino a sustituir la novedosa frialdad de mi mujer, una "dama de alcurnia", que desde que descubrió que las viejas con las que se codeaba sólo tenían sexo con sus maridos una vez a la semana, y que dormían en habitaciones separadas, transformó el mundo familiar y las costumbres que habíamos adoptado como pareja, alejándose de mí, dedicando el tiempo, que antes empleaba en buscar nuevos contratos para la empresa, a obras benéficas y de caridad.

Tomé como pretexto un viaje con mi hijo a una subasta para tratar de poner en orden mis pensamientos y definir mis prioridades reales, que de alguna manera, por culpa de Isabel, se estaban dispersando; además, era una manera de poder compartir con él algunos momentos, alejados de la presión del trabajo.

El muchacho insistía en comprar una pieza de Rodin, realmente a muy buen precio, que de acuerdo a sus cálculos le aportaría muy buenos dividendos en un futuro próximo. Sus palabras me hacían perder la paciencia. Intenté, asumiendo una actitud paternalista, demostrarle que se puede llevar el control, hasta el último centavo, de una empresa, de una inversión en general, pero nunca de una obra de arte, porque eso sería un ultraje, un insulto imperdonable hacia la creación. Me afectaba que mi hijo no entendiera que algo mezquino se escondía detrás de sus continuas cotizaciones. Yo, que ya había consultado el catálogo de la subasta, lo animaba con otra pieza, una escultura de Camille Claudel, que era más barata y sobre todo, a mi juicio, mucho más bella. Pero el cretino rechazó mi recomendación, insistiendo en el valor a corto y largo plazo de

Rodin. No me quedó otra alternativa que comprar la de Camille. Muy incómodo abandoné la subasta. Un rato después el aire fuerte y ruidoso sobre el Golden Gate, fue acallando la intransigencia que mostré hacia mi hijo. A través de sus ojos descubrí ese intento feroz y honesto por entender aquello que yo le mostraba, sin conseguirlo.

Alcatraz se confundía en un mar de veleros que corrían aceleradamente hacia el puerto, huyéndole a la espesa neblina que comenzaba a entrar amenazante desde el Pacífico. Después de todo mi hijo era ya una persona adulta, a la que muy poco podía aportarle yo. Además sería ridículo, a estas alturas de mi vida, tratar de inculcar ideas y señalar valores, sobre una cosa tan abstracta y personal como es la belleza. Bastante satisfecho debía sentirme al poder proporcionarle independencia y estabilidad económica. Quise permanecer en el puente hasta verme cubierto por la niebla, pero sentí miedo y tristeza. Pensaba en mi hijo, en mi mujer que ya no soportaba, en el cuerpo armonioso y fresco de mi secretaria y en Isabel que se había convertido en mi prioridad mayor. Por suerte la compañía no me preocupaba, me había hecho de un equipo muy profesional y eficiente que coordinaba hasta los más mínimos detalles en los negocios, sólo requiriendo mi presencia en contadas ocasiones para firmar contratos muy específicos o como figura decorativa. Sin embargo había algo que se estaba resquebrajando en mi entorno y me resistía a aceptarlo como un hecho. Le propuse a mi esposa, en un intento por sacarla de la bobería en la que el dinero la había sumido, un viaje a Europa, pero no mostró entusiasmo con la idea. Durante dos meses y medio no compartimos juntos ninguna actividad, y desde que la nombraron presidenta del club de antiguas alumnas de una escuela a la que nunca había asistido, todo vínculo entre nosotros se rompió. Pero ella no se sorprendió cuando se lo hice notar, por el contrario se resistió a creerlo, argumentando que estábamos mejor que nunca.

En el intermedio de una reunión de negocios, donde se firmaría un complicado contrato que requería la asistencia de abogados especializados y otros profesionales, como nunca antes —el acuerdo de exportación requería la instalación, asesoramiento y puesta en marcha de una gigantesca red de computadoras, haciendo énfasis en numerosos códigos de acceso y de seguridad, que los clientes insistían en matizar claramente en el contrato—, aproveché para acercarme a Isabel.

Procuré hacerle ver que ya había abandonado la idea de conquistarla. Ante sus miradas como diciéndome *qué esperas*, aparenté aburrimiento. Sin embargo aquel cuerpo monumental —que tenía predilección por los aretes desmesurados y los tacones altos—, su voz grave, me estaban llevando al paroxismo del deseo más irracional y me costaba trabajo disimularlo.

Me provocaba más que nunca, al menos así parecía. Durante las maratónicas conversaciones para puntualizar las condiciones de los códigos de seguridad en la instalación, ella dejaba correr sus largas uñas —que para mi asombro impregnó ese día de un rojo intensísimo—, por una abertura en el escote de su vestido, aparentando ingenuidad y abstracción. Aquello me erotizaba y creo que en algún momento notó que estaba excitado. Propuse, aprovechando cierto estancamiento en las negociaciones, por una cláusula en el contrato, un receso hasta el día siguiente, mientras matizábamos el alcance del punto en cuestión. Desde luego se aceptó mi propuesta e Isabel y yo nos fuimos a la oficina para hacer ciertas consultas al respecto, y continuar con otras obligaciones. Allí, luego de otra sesión con los asesores y abogados, nos quedamos solos. Una vez más intenté ser bastante específico y directo con ella. Los efectos se hicieron sentir de inmediato, comenzando un jugueteo que terminó en los primeros besos y roces, pero todo rigurosamente controlado por ella. Yo me dejaba dominar, era así como deseaba que ocurriera, sin embargo a veces me parecía que no le gustaba mucho mi comportamiento, pero no me importaba.

Poco a poco llegaban mis triunfos. Mi nombre y el de la compañía aparecieron en la lista de los negocios de más rápido crecimiento en el estado. La entrega de una proclama oficial, por parte del alcalde, declarando el día de *ZAP Computer* en el condado, me reunió con mi familia en un evento social, por primera vez en mucho tiempo. Tras los apretones de mano, fotos, entrevistas y los sonoros elogios de rigor, salí a toda prisa para ver a Isabel, que deseaba festejar privadamente conmigo, léase acostarse conmigo, el día de la proclama. Para mí las causas eran obvias, buscaba que yo estuviera de excelente humor para afrontar cualquier "eventualidad".

Vestía como nunca, se había frotado en la piel una crema con olor a vainilla que me excitaba en extremo. Desde luego, nada podía compensar el tamaño de su cuerpo, pero era parte del juego, resultaba ser parte de la esencia de ese deseo. Me sonrió con malicia, mientras descolgaba lentamente, con gestos lujuriosos, como una prostituta bien entrenada, los aretes de sus orejas. Parecía decirme: tú eres quien lo desea.

Había llegado el gran momento. Con suavidad e incontrolables palpitaciones en el pecho, la atraje, la apreté, la acaricié con dulzura, mientras sentía, al chupar el pezón dilatado, el dulce sabor de la vainilla en mis labios. En verdad la disfrutaba como nunca a nadie.

En medio de una oscuridad intensa que yo había propiciado, me arrodillé. Tras una concentración total —acababa de llegar al momento culminante—, introduje mi cabeza entre sus piernas. Isabel gimió brevemente y yo me detuve, me levanté, como había planeado. Corrí sin pronunciar palabras hacia el interruptor de la luz y la vi asustada, tratando de cubrirse. Casi a la fuerza la hice levantar y despojarse de la sábana. Pienso en el miedo que tenía y siento compasión por ella, pero todo fue tan decepcionante, Isabel resultó ser exactamente lo que era, una mujer.

LA FAMILIA SE REÚNE

Ven mima, tú te sientas a mi lado, estoy seguro que va a ser una gran fiesta y quiero que estés cerca de mí. Hoy es un día muy especial y deseo aprovecharlo hasta que se consuma la última hora, abrazándote y besándote, como tú te mereces, y como casi nunca hago. Hacía tantos años que no nos reuníamos todos, o casi todos; pero ahora que la familia se reúne es importante aprovechar cada instante en todo su esplendor. Sabrá Dios cuándo podamos volver a repetir otra ocasión como ésta, tan inusual entre nosotros. Es una lástima que los niños sean tan pequeños, ellos no pueden entender el significado de este encuentro, quizás único e irrepetible. No sé, no quiero pensar qué ocurrirá mañana. Idania no está, pero todos sabemos que se ha quedado allá, que así lo decidió, que no hubo ruego que valiera para que nos acompañara en la nueva vida. Seguro mima está pensando en ella. A mi lado la siento recordar y sin duda se estará preguntando cómo sería esta noche si ella estuviera entre nosotros, participando con su hija que no conocemos, a no ser por fotos en blanco y negro, que de vez en cuando nos llegan con sus cartas. Es ya tarde y los cuentos son historias conocidas, hechos que todos vivimos juntos y que hoy se mencionan como si nos fueran ajenos. Se les agregan cosas, se embellecen con detalles oportunos, y parecen ahora más intensos que cuando ocurrieron. *¿Recuerdas cuando te llevaron a la policía porque le rompiste la cabeza a Rogelito, el hijo de Martha la que vendía durofríos?* Claro que lo recuerdo, fue en el placer. Hay cosas que jamás se olvidan. Cuando me hicieron volver tantos años atrás, sentí la necesidad de respirar profundo y esbozar una sonrisa que mi hermana mayor supuso aprobatoria. Eran cuentos que marcaban una vida en común. Hoy hace un día espléndido, pero yo cierro los ojos y siento la lluvia. Hace varios días está lloviendo. Es una lluvia pertinaz y con una ventolera arrasante. No recuerdo un temporal tan grande. Llueve horriblemente, y hoy, precisamente hoy, no escampa. Vengo enchumbado de haberme bañado en la inundación de Juan Delgado y Libertad, pero le digo a mima que el aguacero me cogió mientras caminaba hacia la casa. Siento la toalla en la cabeza, y las manos de mi madre que no dejan de frotarme todo el pelo —que ahora, sólo por un rato, sentiré lacio—. Mima me regaña y me amenaza con decírselo a pipo cuando regrese del trabajo, para que me mate a palos. Sin embargo no le dice nada. Casi siempre hace como que se olvida señalar la falta. En el noticiero de televisión anuncian intensas lluvias para lo que resta del día; pero si de algo estoy seguro es de que nadie faltará. Todos saben que me gasté un dineral comprando la comida en bolsa negra. Todos saben que durante muchos meses he estado planeando la fiesta, que no es más que un pretexto insignificante para que podamos estar juntos, al menos por una sola vez. Ya se ha ido la mañana entre la lluvia y los preparativos. Mima que ve como todo se va desmoronando, se empieza a poner seria, la noto preocupada. Incluso de repente me recordó que yo había ido hasta Pinar del Río para traer, a riesgo de ser detenido y encarcelado, el café que tomaríamos después de la comida. *¿Por qué me dices eso?*

Nada, muchacho, se me ocurrió. Ahora me acordé de eso y por decir algo te lo recordé. Nadie faltará, lo único que puede ocurrir es una tardanza por el mal tiempo, pero no la ausencia. En los días de lluvia los ómnibus se ponen malos, peor que de costumbre, pero todos vendrán, no pueden faltar, no quiero... Empezaron a llegar, al niño lo habíamos puesto a organizar el parqueo para que todos los carros cupieran. La primera en aparecer fue la mayor de mis hermanas que con sus hijos sacaba del maletero del auto las cajas con los regalos, para repartirlos después de la comida. La recién nacida venía durmiendo y la acostaron en mi cama; la otra, rubia y con su voz dulce, vino a mí para besarme y preguntarme de quién era la fiesta. *Cómo le vas a celebrar el primer año a la niña con tres cajas de refrescos y un cake de 5 pesos, que es lo único que dan por la libreta para los cumpleaños. No tienes ni caramelos, ni globos... y tú no vas a comprar preservativos como hacen las gentes... porque si cuelgas un condón inflado te juro que lo reviento... Es verdad lo que dice tu hermano, además tienes que invitar a todos los muchachos del barrio y lo poco que hay no va a alcanzar para nada.* Increíblemente la lluvia era como nunca; el agua corría por las calles arrastrando latones de basura, árboles. Mima como siempre lamentándose de no tener teléfono, pero no se podía hacer nada, desde el año 59 se había solicitado el servicio y nunca llegaron a conectarlo. *Si tuviera teléfono llamaría a tus hermanas para posponer la fiesta para otro día. Total, cualquier día es bueno y es preferible perder el dinero antes que alguien se accidente por el camino.* Mi hermana mayor se sentó en el sofá junto a pipo que aprovechó la ocasión para decirle que había adelgazado mucho. *Debes alimentarte mejor, tomar vitaminas y hacerte análisis, a lo mejor estás anémica.* Seguían llegando, cada cual traía sus paquetes envueltos en papeles de colores, con cintas y flores de brillo, que sin duda alguna resultaban más atractivos que lo que se escondía dentro; pero así son los regalos. Al final del día ya no habrá ni cintas ni flores, sólo un montón de papeles en el fondo del tanque de desperdicios. La última en hacer su aparición fue Anlly, que a fuerza de insistir había logrado que la llamaran por ese nombre tan desproporcionado con su apellido. Como siempre vestía ropas extravagantes, con exceso de cosmético en la cara y una exótica mezcla de perfumes muy fuertes; lo sorprendente de su atuendo eran unos aretes que se encendían y apagaban cambiando de colores constantemente, lo que, desde luego, representaba su mayor encanto para la noche. *Allá ustedes que viven en el siglo pasado, yo sí estoy en la onda, en el grito.* La comida estaba deliciosa, los hombres tomaban cerveza excepto yo, que desde que llegué a este país sólo tomo refrescos, o vino en el invierno. Como estábamos en verano, en un verano aplastante, todos llevábamos short y pulóver. Pipo vestía de traje, él siempre ha criticado el usar ropa ligera alegando que es indecente y grosero. Mi padre ya está viejo y todo rasgo de vitalidad le parece inmoral. Los niños estaban frente al televisor con un juego de video, y mis hermanas terminaban de limpiar la cocina, mientras en el sillón mima mecía a la niña que sólo tiene 20 días de nacida. *No para de llover y es tarde. Creo que es mejor suspender la fiesta para cuando pase el ciclón.* Mucha lluvia, es un temporal devastador. Hoy el día ha estado esplendoroso y veo a pipo como habla pausado. Lo hace de una forma muy mesurada, hasta curiosa. No gesticula. En los momentos en que daba la oportunidad de intercalar algo, absorbía su tabaco, mientras el humo blanquinegro cargaba el ambiente de la sala. Si no fuera por su forma de hablar, casi como un monólogo, podría dar la impresión de ser un hombre culto. Él está preparado, maneja un vocabulario amplio que emplea con soltura, incluso puede ser halagador, sin embargo sus temas favoritos son las enfermedades y la medicina, algunas veces la planificación de la economía, y últimamente la política, siempre temas banales. Me gusta verlo persuadir a los demás, pero cuando está de mal humor sólo sabe usar la violencia como medio de convencimiento. Mis hermanas seguían haciendo cuentos de cuando vivíamos juntos en la casa, en la de allá, en la única que ha significado algo para mí. La que habitaba hasta el día que emprendí el viaje a este país donde cambio de casa con tanta frecuencia, que me siento turbado con cada mudada. Cada vez que empiezo a establecer una relación entre el lugar que ocupo y mi vida, casi siempre ocurre un cambio inesperado, súbito, que me hace sentir como si de pronto separaran algo de mí. Y no vuelve, y no vienen, y la lluvia acaba con este domingo de fiesta que no se podrá repetir. El agua sube al portal, y nunca, en todos los años que he vivido en esta casa, la lluvia ha llegado a alcanzar las losas rojas. No puedo entender por qué cuando ya no habito mi casa, tengo que escuchar a mi hermana Idania, decirme por teléfono que la corriente entró hasta la sala, que el cantero del jardín ha quedado arrasado. ¿Por qué todo esto ahora que yo no estoy allí? *¿Recuerdas el día de las hormigas bravas?* Claro que sí. Vuelvo a sonreír y una vez más mi hermana mayor comprende que he hecho contacto con ese detalle del pasado que está vivo, pero que morirá un poco con cada uno de nosotros. Fue una noche insólita, millares de hormigas salieron por debajo del refrigerador. Sí, lo recuerdo con una claridad asombrosa, como algo tan personal que sé que no podré transmitirlo. Nadie lo entendería, tan sólo resultaría una anécdota curiosa, propensa al olvido, pero para mí fue distinto. Mima nos subió sobre el aparador, cuyo espejo multiplicaba mi imagen. Ella echaba alcohol para matarlas, pero a cada instante salían más, cada una con más furia que la anterior. No sé si fue el olor intenso que produjo la mezcla del alcohol con la luzbrillante, pero no olvido que caí del aparador sobre las hormigas, sobre las vivas y las muertas, sobre las que me picaban y las que aplasté al caer sin sentido. En el momento en que desperté en la clínica y vi a mima dormitando en un sillón a mi lado, lo comprendí claramente todo, lo precisé todo. ¿Qué fue? ¿La presencia de tantas hormigas bravas, el olor, o mi imagen multiplicada innumerables veces en el espejo? ¿Aún estará el aparador repleto de pomos de medicinas o ya habrán desaparecido, como desaparecieron mis libros del librero para convertirlo en un armario para muñecas y adornos? Acaban de dormir a la bebita. Aún no me he atrevido a cargarla. Estoy muy junto a mi madre, que aprovecha que la niña se ha rendido para sumarse a los recuerdos que compartimos. Ella tiene el pelo cano y ahora lo tendrá así por siempre. Me alegra saber que nunca más se pintará el pelo. Ella se siente bien con su promesa y con nosotros juntos después de tantos años. Anlly está posando ante el espejo. Ya es muy tarde, los niños se han dormido frente al televisor o en los brazos de mis hermanas. Del pasado ya no se habla, como si en estas pocas horas se hubiera agotado. Sin embargo yo sé que faltan cosas por mencionarse, quizás las más importantes, pero no en esta noche que está por terminar. Ahora todos van hacia el cuarto para abrir las cajas con los regalos. Yo me acerco a la ventana y pongo un pretexto para quedarme en la sala. Mima sonriente y llena de alegría sale a enseñarme las cosas que le trajeron. Suena el teléfono anunciando una llamada de larga distancia. Es tanto el asombro de mima que se ha puesto a llorar como una tonta, al ver que su día se ha completado con la llamada de la única de mis hermanas que no ha estado presente. *Está lloviendo a cántaros, hace una semana que llueve sin parar. Si no fuera porque hace poco me pusieron el teléfono gracias a*

Fidelberto que lo nombraron director de una empresa, no hubiera podido salir a casa de la vecina para hablar con ustedes. Imagínate cómo es este diluvio que por primera vez que recuerde, el agua ha entrado en la sala y ha mojado todos los muebles. Esto es tremendo, hasta el carro que le dieron a Fidelberto por ser director de la empresa, se lo llevó la corriente y lo desbarató contra un muro, figúrate, y tanto que luchó por esa máquina y ahora la ha perdido en un momentico. Pipo que escucha por la extensión interviene para criticar el nombramiento. *¡Pero cómo es posible que a ese hombre que es prácticamente analfabeto, lo nombren director de una empresa, un cargo de tanta responsabilidad! Dime, qué sabe ese hombre de dirección.* En eso interrumpe una de mis hermanas. *Mima, habla tú.* Le contó de la fiesta y le recordó aquella otra, también de cumpleaños, que nunca se pudo realizar cuando estábamos juntos allá. *Hoy todos hemos pensado en ustedes.* De pronto la operadora interrumpe para decir que los tres minutos reglamentarios para hablar con el extranjero se han terminado. Automáticamente se corta la comunicación en el momento en que mima le pedía que escribiera mucho. El comentario fue largo, pero luego se hizo un silencio que nadie se atrevía a romper. Ya todo estaba llegando a su fin y era realmente el fin. Ya cargaban a los niños y los llevaban a los autos. Es tarde, muy tarde, casi de madrugada. Todos se han despedido, todos se han marchado, y luego de la bulla de todo un día, la casa ha quedado más que revuelta, con el aroma y la frescura de un día especialísimo. Ya sólo quedamos mima, pipo y yo, que recogemos un poco —había papeles de colores, rotos y esparcidos, cajas despedazadas por todas partes—, organizamos las sillas alrededor de la mesa y nos vamos a dormir. Estando en mi cuarto leyendo, mima entra y se sienta en el borde de la cama, y pasándome la mano por el pelo —ahora sin toalla, ahora encrespado y revuelto—, y luego de mucho rato en silencio me dice que está contenta. *Al fin nos hemos encontrado todos juntos; figúrate que hasta Idania llamó por teléfono. Gracias a Dios la familia se ha reunido como tú tanto querías. Si aquella vez el torrencial aguacero hizo fracasar la fiesta, hoy todo se ha hecho mejor, con más comida y menos dificultades.* Me da un beso y sale de la habitación cerrando la puerta con suavidad. Vuelvo a estar solo. Lo que ella no sabe, ni sabrá jamás, es que aquella fiesta era la más importante, la única posible, que ésta no ha sido otra cosa que la obstinación de tantos años. Esta fiesta sí se ha realizado, pero ha estado incompleta. Faltaba la casa.

RITUAL

En una ocasión me dijo que aquella mujer era "extraordinaria", y aunque el calificativo en sí mismo no define nada, lo tomé como una especie de alerta. No cabían dudas en cuanto a qué se refería al decir "extraordinaria", pero yo no lo sabía. Ella se acercó a Raúl, lo abrazó con cariño y con esa dosis extra de satisfacción que se expresa cuando después de algún tiempo, se reencuentra a alguien que se valora. Con delicadeza me hizo un gesto lindo, en señal de saludo, y tras unos instantes más de contacto con Raúl, se despidió, anunciándole que lo llamaría por teléfono en los próximos días. Levantó la mano izquierda y movió con habilidad los dedos en dirección a mí, para luego de golpe, cerrar la mano, llevándola hacia su pecho. Retuve en mi mente la particularidad de que era zurda, también me llamó la atención que de la cartera que le colgaba del hombro sobresalía un libro de sicología, detalle que tampoco dejé escapar.

Tras el encuentro con la mujer, que dejó la atmósfera cargada de un olor en realidad exquisito, no pudimos continuar con nuestra conversación inicial. Fue en esa oportunidad donde se refirió a lo extraordinario de la mujer. Unos pocos detalles adicionales indicaron que se llamaba Irma, que se conocían desde hacía mucho tiempo, que se habían amado, y que justamente por la intensidad de ese amor, "demasiado poderoso", habían terminado.

Poco tiempo después, para mi asombro, Raúl marchó entusiasmado a vivir y trabajar en medio de las montañas de West Virginia. Inesperadamente recibí una carta suya donde me hablaba de la satisfacción de encontrarse en ese sitio. La noticia de su "cambio de habitat", como él lo llamaba, venía acompañada de justificaciones por no haberse comunicado conmigo antes de partir. Como prueba de su intempestiva partida, me enviaba dos entradas para un concierto que en pocos días realizaría Zenaida Manfugás. "No dejes de ir a verla", me escribió, "es maravillosa". Junto a otros detalles de la artista cubana, que por demás yo conocía, me pedía que le "grabara" una cinta con la música de su último CD, que pondrían a la venta ese día en el concierto. Desde luego que teniendo en cuenta la acción que tuvo con las entradas, lo mínimo que podía hacer era comprarle uno a Raúl. Incluso me propuse obtener una dedicatoria de la pianista para él.

En el intermedio del concierto, volví a sentir el aroma de Irma. Habían pasado varios meses, nunca más la había visto, ni tampoco mi amigo me la había vuelto a mencionar. Sin embargo emprendí su búsqueda por todo el vestíbulo del teatro. ¿Cómo podía haber identificado ese olor que sólo había sentido una vez? La situación me perturbó. Carecía de lógica, no tenía coherencia que algo semejante ocurriera. Freud vino al rescate. Que si el olor de la madre. La sicoterapia analítica. Tal vez la mezcla orgánica de los sentidos. Asociaciones perturbadoras, en fin... También podría ser un trastorno del subconsciente dormido, asumiendo frías referencias sobre algún episodio comprometedor del "superyo", activándose al vincular la mujer y el olor, con la descripción pormenorizada que mi amigo Raúl me hizo en su carta, en relación a un baño desnudo y en solitario, en un helado lago de West Virginia. No sé si pude calmarme, como en ocasiones anteriores que he encontrado, o creído encontrar la esencia de una acción, de un comportamiento o de un impulso, recurriendo al análisis pormenorizado de la situación. Creo que en el caso de Irma necesitaba de una terapia extra.

Las personas socializaban animadamente. Compré un trago para mí y otro para Dulce, que me acompañaba al concierto. Estoy seguro que ella notó algo extraño en mi comportamiento, pero por prudencia no preguntó nada, cosa que me alegró sobremanera. Caminé despacio por entre los grupos, intentando localizarla, dejándome llevar por el olor. Mi acompañante se quedó hablando con unos conocidos, a los que les di la mano apresuradamente y continué en la búsqueda de Irma. Los minutos corrían, el tiempo del intermedio estaba por concluir y no acababa de encontrar a la amiga extraordinaria de Raúl. ¿Tal vez el envío de las entradas por correo tuviera la intención de provocar un encuentro? ¿Le habría mandado a ella también? ¿Qué podía pretender Raulito al tratar de ponernos en contacto? Tuve miedo, y por unos instantes abandoné la búsqueda. Una vez más los resortes sicológicos se dispararon, pero me apresuré a bloquear cualquier especulación sin fundamento.

Las luces comenzaron a emitir los avisos y el salón lentamente se fue vaciando. Lo recorrí de un extremo a otro, persiguiendo el olor, pero no lo localizaba, no lo retenía cada vez que creía haberlo encontrado. Los aplausos anunciando la entrada al escenario de Zenaida Manfugás, me impulsaron a mi asiento, siempre he odiado moverme por los pasillos una vez iniciado un espectáculo.

Un silencio total se apoderó del teatro. La pianista permaneció unos brevísimos segundos frente al piano sin moverse, buscando concentración. Una expectativa exaltaba los sentidos que aguardaban el instante preciso en que sonara la primera nota. Un gemido uniforme, como un alivio, como una carga, se dejó escapar para acompañar la música de Ignacio Cervantes. Un murmullo se expandió por todos los rincones cuando la audiencia identificó *Los tres golpes*, que con solidez y elegancia la concertista interpretaba. La inmovilidad de la audiencia hizo aun más triste el *Adiós a Cuba*, que majestuoso se crecía en medio de una audiencia mayoritariamente cubana, que hacía muchos años también le había dicho adiós a Cuba.

La sala se llenó del olor de Irma. Por las ventanas del aire acondicionado emanaba aquel olor que inconscientemente todos aspiraban y sentían, pero del que sólo yo podía identificar su origen. "Qué olor más agradable, parece incienso", me dijo Dulce tomándome del brazo y acercándose a mi oído para no molestar a la audiencia. Moví la cabeza negándole ese olor, tenía que ser yo sólo el que lo sintiera, era un olor que debía estar destinado exclusivamente a mí.

Al final de la presentación los aplausos atronadores obligaron a salir varias veces a la Manfugás, que agradecía una y otra vez. Me indignó que los organizadores del evento no le llevaran un ramo de flores al escenario, me pareció una evidente falta de sensibilidad hacia la señora. Pensé decírselo a Dulce, así como pedirle sus impresiones del concierto, pero no lo hice, yo estaba demasiado ocupado en localizar a Irma entre el público. Por eso, sin mediar palabra alguna salí al vestíbulo, para desde allí poder escudriñar los rostros de los asistentes, o de las asistentes, yo buscaba a una mujer, pero al poco tiempo descubrí que no podía tener un control global del público. Además, otras puertas, las de emergencia, estaban siendo utilizadas como salida. Desde hacía rato no sentía el olor deseado. Volví a incursionar en el auditorio, pero ya no quedaba nadie, sólo algunos empleados que se apresuraban a limpiar las lunetas. En la calle, parte del público aguardaba por la pianista. Yo olvidé comprar el CD, y ni me pasó por la mente mi compañera Dulce, que tuvo que irse con sus amigos. Me da vergüenza enfrentarme a ella de nuevo, no sabré que decirle, aunque espero que manifieste una vez más su prudencia, y no me ponga en una situación difícil.

No me explico lo ocurrido y ni los más avanzados libros de sicología, ni Freud, sencillamente nadie podrá darle coherencia a los acontecimientos que se precipitaron. Al entrar en mi carro, el olor de esa mujer estaba concentrado en el interior del auto, como si ella hubiera estado ahí sentada, impregnándolo todo. Luego, en el momento de hacer girar la llave en el encendido, por las salidas de ventilación, brotó un aire tremendo con ese olor que me dejó sin control, aturdido. Al unísono, el cassette comenzó a entonar la música de Cervantes. Aceleré, me precipité contra una de las columnas del teatro, mi cabeza golpeó el parabrisas rompiéndolo. La gente corrió asustada. Los gritos de "llamen a la policía", se convirtieron en chillidos estridentes, en alaridos involuntarios. Vi a una mujer llevarse las manos a los ojos. Sin proponérmelo di marcha atrás, y los que corrían para auxiliarme, huyeron despavoridos al verme maniobrar. Volví a impulsar el carro contra la misma columna. El golpe fue aun más fuerte, el timón presionó mi abdomen, y sentí un dolor intenso, casi incontenible, pero dejándome fuerzas suficiente para volver a evolucionar el carro, que con más decisión lancé contra el teatro.

Ahora aguardo por el médico. Esta será la primera consulta fuera del hospital. Ya estoy recuperado físicamente. Me operaron para detener una hemorragia interna, me había perforado el hígado. Todavía siento dolor de cabeza, pero dicen que es normal, sobre todo teniendo en cuenta que llevo 12 puntos en la frente, dos sobre el párpado, así como uno o dos más en la barbilla. No sabré qué decirle al doctor, simplemente hay acciones que no tienen explicación, que no tienen sentido y ésta es una de ellas. Me entristece pensar en el sufrimiento de mi familia, en el miedo que mi madre habrá sentido al recibir la noticia, en la expresión de su rostro al verme todo vendado, con varios sueros en las venas, un tubo por la boca y el reporte médico indicando mi estado como "grave pero estable". Pienso en mi madre más que en nadie. Ahora sí pienso en ella más que en nadie.

Se abre la puerta del consultorio, una mujer de rostro nada agradable me hace un gesto con la mano, moviendo con suavidad sus dedos. Retuve en mi mente el detalle de que usaba la mano derecha. Me levanté con lentitud de la butaca al escuchar mi nombre, y lo hice sin la ayuda de mi madre que había permanecido todo el tiempo en silencio a mi lado, sin exigirme explicaciones, sin atormentarme con preguntas. Sin mirarla me pierdo tras la puerta. La dejo inquieta, ansiosa por saber el resultado de la conversación que mantendré con el doctor.

Estoy casi seguro que el médico tratará de inducirme a la tonta confesión espontánea. No descarto que intente la tradicional sugestión. Pero no tendré nada que revelarle. Sólo le diré, en un tono que denote absoluta seguridad, para que se lo repita a mi madre y así la tranquilice, que no hay nada que temer, nada de que preocuparse, que ya estoy completamente curado, si es que en algún momento estuve enfermo, que no hay explicaciones, ni argumentos que sustenten mi imprevista e impulsiva acción. No le hablaré, desde luego, del olor, ni tampoco de Irma. No mencionaré la satisfacción que Raúl sintió al poder entregarme, porque eso fue justamente lo que hizo, a una mujer que llamó, con tono penetrante, "extraordinaria". Me abstendré, claro, de referirme al placer de hundirse desnudo en un frío lago de West Virginia. No, no voy a relatar nada, cualquier descuido me podría comprometer. Quizás intente un escape sicológicamente aceptable, si hablo de la nostalgia, del destierro, de la ausencia; algo que enfoque el "problema" como un trastorno vinculado a la infancia. Pero tendré que ser muy cuidadoso, cualquier imprudencia podría dar una indicación peligrosa, una palabra mal colocada destruiría la única realidad posible: la carga de un olor vivo que taladra y el abatimiento que deja la música de Ignacio Cervantes.

TODO UN VERANO

A mi abuelo

Tengo que confesarte que tres años atrás, antes de ser esto que ahora eres, yo atravesaba todas las tardes el pabellón increíblemente limpio, para llegar hasta ti. Casi hasta ti. Y ante la blancura de las batas de las enfermeras, y las sábanas, y las nubes que entrecortadas pasaban y penetraban a través de la ventana, yo te hacía llegar algo. No sé qué era, tal vez mi acercamiento. Sin embargo ha pasado mucho tiempo, es de mañana y he venido a este lugar para buscarte, aunque presiento que no te encontraré.

La citación aclaraba que todo se realizaría a las nueve de la mañana. Para ello cambié el turno de trabajo, pero no pude dormir en toda la noche. Me levanté temprano y vi como la claridad del día, de un nuevo día, se impulsaba sobre la noche sin alcanzarla. Me sobrecogió pensar que llegaría a un panteón en el cementerio, y que detrás de la madera podrida te encontraría, ya no sin vida, sino sin tiempo.

—Te vendo la máquina de escribir de tu abuelo, que en paz descanse. Está trabada, pero figúrate, desde que enfermó no pudo escribir más en ella. A lo mejor con un poco de grasa vuelve a andar. Dale, no pierdas la oportunidad, dame los 150 pesos que yo sé que tú la quieres.

Las guaguas pasaban con una frecuencia alarmante. Todas menos la ruta 69, que tardaba más de lo acostumbrado. Pero como yo no iba para el maldito trabajo, opté por no preocuparme por la demora y esperar. Lo insólito era que el resto de las personas amontonadas en la parada tampoco mostraban impaciencia alguna; por el contrario, reflejaban un estoicismo desmesurado, fuera de lugar. Llegué a pensar que como estaba sobresaltado por lo que me aguardaba en el cementerio, había llegado a sentir alterada la monotonía de los días.

—No seas bobo muchacho, no está cara. También tengo otras cositas de tu abuelo que seguro te van a interesar.

Aunque no lo creas, antes de subir al aula me detenía en la sala para verte. Me resultaba difícil aceptar que esos tubos y esa respiración entrecortada, formaban parte de tu vida, que fueran su sostén. Aún no me explico por qué nunca me acerqué a ti, por qué no logré pasar más allá de los límites que nos separaban. Pensándolo bien, no me parece haber visto tu rostro; tal vez nunca lo miré. Pero estoy seguro que tú intentabas volver la cabeza para encontrar la puerta, quizás creyendo que yo estaría detrás. Supongo que debes perdonarme. En vez de rezar como se acostumbra en estos casos, lo único que me interesaba era controlar mi confusión ante la muerte que te rondaba en silencio. Pero la espesura de la tarde soleada de todo un verano envolvía el cuarto y te cubría, y te perdías. Y ya sin ti no tenía sentido continuar allí detenido entre los empujones de los pasajeros, cargados con más jabas, más carteras y más de todo que de costumbre.

Luego del viaje y el calor, de los pasillos atestados de enfermos y de viejos agonizantes, pensaba que Rebeca esperaba por mí en la puerta del aula, que después de subir las escaleras siempre interminables y agotadoras, besaría su rostro. Mis ojos recorrerían el escote de su blusa imaginando ver sus pezones hinchados por el roce de mis labios. Su cuerpo deseoso me haría muy bien, me ayudaría a creer que tú nunca has estado en el hospital, que ese sitio jamás fue para ti.

Mientras la guagua todavía repleta seguía su rumbo, yo me acercaba apresurado a mi destino. Compré el periódico que no pude ni hojear, para satisfacer mi inexplicable gusto por leer noticias viejas y distorsionadas, cuando alcancé a distinguir el enrejado negro, y detrás las sucias bóvedas, abatidas por el tiempo y el abandono. En los bancos de la oficina del cementerio, me puse a leer el editorial del día mientras aguardaba la llegada de mis familiares. Un editorial inusual que parecía dar respuestas al silencio en el ómnibus, a la demora agotadora de la ruta 69 y no sé a cuántas cosas más.

—Qué bien me vienen estos 150 pesos, como caídos del cielo. ¿No te interesa el librero? Es de caoba, se lo regaló un Presidente de la República a tu abuelo. Yo sé que tú tienes los libros tirados en el suelo. ¿Lo vas a comprar?

Ya tenía ante mí nuevamente el enrejado de largos y gruesos barrotes terminados en punta, como lanzas; detrás, cientos de gentes turbadas e indecisas; gritos ensordecedores. *Salta, brinca, aquí no sabemos nada pero no nos pueden sacar, dale, brinca. Oye, dale un pie a éste. Ten cuidado con los pinchos al saltar.* El terreno húmedo, innumerables árboles, pero sobre todo gentes, voces de gentes, manos de gentes hambrientas. Una lista demasiado larga de nombres y números de carnés de identidad. Se presentía el final, días interminables de incertidumbre, de inquietud y tiros.

Todo acabaría en mayo, era otra vez día de escuela y de pasar a verte desde la puerta, pero casi por instinto, por un impulso involuntario, me fui acercando hasta encontrarme a tu lado, o tú al mío. La enfermera con su uniforme blanco vino junto a la cama y en ese instante todo se tornó como una transparencia que se abría en la extensión del cuarto. Ella fue la que me dijo que te estabas terminando, me parece que la escuchaste, pues ya no volviste a hablar. La respiración fue tomando fuerza y después de llegar al encuentro con lo desconocido fue bajando y cesó. Un fresco en enredadera pasó rozando la ventana, le extendí la mano para atraparlo, para traértelo como regalo, pero en el preciso momento en que lo iba a tocar giró, hasta entrelazarse con los días que seguirán pasando.

Un editorial confuso, una declaración del gobierno, una foto y datos biográficos de un hombre muerto a balazos. Pasaban los entierros en un desfile lento bajo el arco principal del cementerio, que en lo alto recoge una frase en latín que nunca pude entender. Entraron mis familiares y fueron ocupando los restantes bancos en la oficina. Al final llegó la dueña del panteón. Se mostraba indignada porque —decía— delincuentes comunes habían asesinado a un combatiente del Ministerio del Interior.

—¿No te interesa el juicio de Hubert Matos? Está estropeado e incompleto, pero tú mismo has dicho que es un documento histórico. Esto sí te lo doy bien barato, llévatelo. Yo lo que necesito es dinero.

Los exhumadores harapientos y sudorosos, realizaban su labor ante nuestras insistentes miradas. Manos toscas y encallecidas forzaban la tapa de mármol blanco. Atentos, todos contemplábamos a esos hombres, que en unos instantes más, transformarían el recuerdo de abuelo, en una nueva e imborrable imagen. A mi lado Zoila estaba como distraída, tal vez porque a sus años, un acontecimiento semejante, no la impactaba como a mí, como a mis primos.

Cuando sacaron la caja deshecha de la fosa, mis familiares se pusieron a llorar, sin dejar de mirarse entre sí, para saber quién no lo hacía; yo no, ya no había por qué llorar, sabía el tipo de escena que vendría a ver. Lo lamentable de este encuentro es imaginar que detrás de esa nada no hay nada, que ni siquiera esos restos, pueden relacionarse con aquel cuerpo del que alguna vez formaron parte. Te juro que no pude asociar lo que vi con el rostro que yo te conocía.

Las guaguas siempre llenas, siempre extenuantes; los olores desde los asientos, olores desde las puertas, las ventanas; olores ocultos, escurridizos. Manos levantadas, fuertemente asidas a las barras, cuerpos balanceándose, carteras presionándome la espalda, tetas comprimiéndose contra mi espalda. Golpes contra el techo, patadas contra el piso, alaridos insultando al chofer; pero es imposible hacer que se detenga el ómnibus. Casi todos leyendo el editorial del periódico, el de al lado metiendo la cabeza; comentarios al oído. Yo que vengo del cementerio, yo que voy para el trabajo y no sé qué hacer. Pero el escándalo se extiende, la guagua abarrotada no se detiene en Luyanó y los golpes ya no los puedo soportar. Se ha pasado tres cuadras y ha venido a frenar frente a la casa de Rebeca. Ella que asume que yo vendré por su cuerpo, ya me espera desnuda sobre la cama. Empiezo a recorrer su figura con mi lengua. Hace unos años conocí de la muerte y hoy supe lo que queda de la muerte, es por eso que su cuerpo me estremece distinto en esta tarde tan especial. Estoy vivo y desnudo contra su cuerpo, los dos gimiendo, y sé que ésta es una solución breve, insignificante, que luego vendrán más dudas. Pero qué otra cosa deseo ahora más que saberme vivo, aunque tal vez, al salir de su cuerpo descubra, que ni siquiera he presentido la calma.

Es de noche y el diario de la tarde reproduce textualmente el editorial de la mañana, que las gentes vuelven a leer tratando de encontrar algo nuevo, al menos una palabra distinta, pero todo es inútil. Viajo en un ómnibus abarrotado donde nadie parece dispuesto a apearse, donde nadie habla ni murmura, donde todos los pasajeros tienen jabas en sus manos repletas de panes, latas de leche, azúcar en bolsas de nailon. Algunas mujeres con niños recién nacidos en sus brazos. Pero todos en silencio, todos mirándose entre sí y temerosos.

—Sí, he venido por tres meses, fue un papeleo tremendo y pensar que yo antes venía todos los años a pasear con tu abuelo y gastábamos grandes cantidades de dinero comprando cuanta cosa se me antojaba. Pero el comunismo acabó con todo eso. Ahora que vengo me encuentro todo cambiado, irreconocible. Verdad que este país es grande. Allá nosotros pasamos hambre y calamidades; pero ese hombre se cae, algún día se cae, y entonces sí podré vivir como antes. Suerte que tú pudiste venir con eso de los barcos. No olvido tu cara el día de la exhumación de tu abuelo. Estabas muy nervioso, con aquel periódico que decía lo de la embajada. Pobre gente. Aquello daba grima, golpes, atropellos, qué horror.

Es un verano interminable y el calor consume las imágenes. Tengo sed y la única cafetería de la calle 70 está cerrada. Los pies me duelen de caminar, el fresco que debía soltar la proximidad del mar no existe; pero nadie se detiene, caminos atestados de gentes, autos abandonados en plena calle. Y la cerca, el enrejado, los gritos, manos aferradas violentamente a los barrotes, caras a medio salir de entre los barrotes... y el agotamiento. Me siento en un contén a la sombra de un edificio pintado de franjas multicolores por la Brigada de Reanimación

Urbanística. Pero no puedo reposar, la gritería, el barullo, el desconcierto, una vieja desdentada y encorvada, llamando frenética a la policía para que me obligue a seguir.
Atardecía. Caía una lluvia ligera. A cada momento crecía la multitud, familias cargadas con jabas de saco, guaguas rumbo al lugar exacto: camino a la Embajada de Perú, que ya en el curso de un día tan breve y confuso, se había abarrotado de millares de seres humanos, condenados por su propio instinto a escapar.
—Cuéntame qué hiciste con la máquina de escribir de tu abuelo que te regalé. Yo pensé que al irte me la devolverías, pero bueno, qué vamos a hacer. Ay, qué bien me siento en este país, si pudiera quedarme lo haría. Allá todo es hacer el paripé para que se crean que una es comunista, y así poder coger un bono para comprar un televisor o una lavadora que tanta falta hacen. Esta vez no me dieron el refrigerador, porque una tipa ahí, había trabajado cuatro horas voluntarias más que yo. Pero para qué hablar de esas cosas ahora. Yo lo que voy a hacer es aprovechar el tiempo que voy a estar aquí y decir todo lo que quiera, porque figúrate, cuando regrese tengo que seguir en el comité y la federación y todo eso. Tú sabes bien que la cosa no es vivir sino saber vivir, y en eso yo soy la campeona.
   Los días se deshacían volando, los editoriales del periódico eran cada vez más temibles exhortando a la violencia. Barcos llegando al puerto de Mariel, el lugar más deseado en toda la isla. Y yo fui hacia él, en una guagua donde era obligatorio llevar, a pesar del calor, las ventanillas cerradas; donde estaba prohibido hablar o gemir, llorar o respirar, mirar o quejarse. El viaje se hizo largo, recorría la ciudad, casi con la seguridad de que sería la última vez. Al pasar por el hospital regresaste a mis recuerdos. Miré al tercer piso, a la sala de ortopedia como intentando despedirme de ti. Pero me descubriste al pasar, y

con tu pelo cano y rizado, como el mío, viniste en silencio hasta sentarte en mis piernas, o yo en las tuyas, no lo recuerdo bien.
    Luego no sé qué más pasó. Tengo que confesarte abuelo, que hoy es invierno y tengo frío, pienso en ti y no sé si tú harás lo mismo, pero lo trascendente, creo, es que estamos aquí los dos juntos, en esta noche que se estrecha contra la oscuridad.

OJALÁ NO EXISTA

Vamos a hablar claro, le dije con un tono autoritario que de inmediato surtió efecto, mucho más pronto de lo que yo esperaba. Su rostro adquirió una expresión de incertidumbre que hasta a mí me daba pena observar. Sin embargo no podía permitirme vacilaciones. Lo siento, me dije a mí mismo, mientras arremetía de nuevo y con más intensidad.

Yo estaba exigiendo una honestidad total, reclamaba lo que sería incapaz de brindar, pero tenía que hacerlo de esa manera, incluso me veía obligado a mostrar una agresividad que no formaba parte de mi comportamiento. Gesticulaba, la señalaba con el dedo índice aproximándoselo provocador a la cara. Luego, tras una pausa que parecía estudiada, la atraía, le acariciaba el cuello con suavidad, le hablaba en voz baja. Más tarde retomaba el fuerte tono inicial. Al final ella movía la cabeza despacio, como afirmando que era justo lo que yo quería.

Comenzó a llorar a mares, la voz entrecortada por el llanto no dejaba entender prácticamente lo que decía y confieso que me alegraba no comprenderla. Bastaba con que aceptara la situación tal y como la deseaba. Ni ella ni yo podíamos hacer nada, había que encarar la realidad. Sin embargo, de pronto me sentía culpable, me cuestionaba conceptos importantes de mi vida que se desmoronaban en segundos. Pero así tenía que ser. Yo no lo deseaba, no quería que lo tuviera.

De repente pensaba que me podía engañar fácilmente y me aterrorizaba tanto, que me sentía provocado y volvía a atacarla, buscando reafirmar puntos que ni yo mismo tenía fuerzas para sostener por mucho tiempo.

Un simple letrero de Centro Médico sin ninguna otra indicación, sugería que ésa era la clínica. Sin perder tiempo —ya habíamos perdido demasiado dando vueltas para encontrar el sitio— entramos apresuradamente, como evitando ser vistos. Una enfermera, para mi asombro sonriente, la tomó de la mano y desapareció con ella tras una puerta de cristales nevados. Me senté a esperar. Al principio estaba cabizbajo, evitando cruzar la mirada con otros dos hombres que allí estaban y que de alguna manera también parecían dejar entrever cierta inquietud. Uno de ellos salía a fumar sin cesar, mientras yo trataba de entretenerme hojeando cuantas revistas había sobre una mesa de centro. Sin embargo cada vez que la puerta de cristales se abría, todos mirábamos ansiosos y cada vez que eso ocurría yo me sentía peor.

Salí tembloroso, me costaba trabajo ayudarla a caminar hasta el auto. Todo había acontecido muy rápido, yo creía que llevaría horas, que tendría que soportar quejidos, dificultades al andar, mareos, incluso me preparé para insultos, reclamos posteriores, acusaciones fundadas, que tendría que rebatir con vehemencia. Pero nada de eso ocurrió, lo aceptó todo con naturalidad. Llovía fuerte, la apreté contra mi cuerpo como para protegerla y la sentí caliente. Ella dejó caer ligeramente su cabeza en mi hombro. Los nervios no me dejaban encontrar la llave para abrir la puerta del carro. Muchas cosas se atropellaban en mi mente. Pensaba en Dios.

Al ponernos en marcha me costaba trabajo mantener el control del carro. Con frecuencia cambiaba de carrilera sin mirar por los espejos retrovisores y sin necesidad. Al mirarla le sonreía como intentando alcanzar cierta naturalidad, pero la ausencia de una conversación fluida me desquiciaba. Manejaba descuidado, sin evitar los baches. En los semáforos me enteraba que cambiaban a la luz verde porque con una voz débil ella me lo señalaba. Sentía miedo, angustia, frustración. Un dolor en la boca del estómago me indicaba que estaba impaciente, ansioso, los músculos del brazo me temblaban incontrolables, en algunos momentos jadeaba, sentía los labios resecos y era absurdo, pero tenía como miedo de ser descubierto.

La llevé a su casa y hasta me dio un beso al apearse. Yo pensé decirle gracias, pero me pareció una muestra de debilidad demasiado evidente, aunque ya alcanzado ese momento podía decir cualquier cosa, ya no había peligros. Me molestó la ausencia de remordimientos de su parte. Al quedar solo bajé las ventanillas para que entrara la lluvia y me sentí más relajado.

Sólo pensaba en Dios. Ojalá no exista.

EL QUE ESPERA

De pronto, sin que mediara alguna razón verdaderamente poderosa, me acordé de Rodolfo. Creo que ése era su nombre. Estoy seguro que empezaba con R, aunque no puedo precisar si era Rafael o Roberto, tal vez Rolando; pero he escogido el nombre de Rodolfo porque presiento que me acerco a su verdadera identidad cuando lo pronuncio.

Estaba, como cada mañana, leyendo un periódico en mi cuarto, cuando una de las informaciones —en realidad se trataba de un extenso análisis—, hacía un recuento, bastante completo, y digámoslo con honestidad, objetivo, sobre la presencia del ejército soviético en Cuba. A pesar de la documentación que aportaba y la objetividad del periodista, el artículo no pasaba de ser uno más, de los tantos que se publican en Miami, en torno a la situación en la isla, por lo que el trabajo me resultaba, por momentos, desde harto conocido, hasta tedioso. Sin embargo uno de los párrafos me trajo a la memoria, que yo fui movilizado por la reserva militar cubana, precisamente por la presencia de esa brigada extranjera.

Mientras repasaba lo del acuartelamiento, que no tenía por otra parte nada de particular, salvo pequeñas implicaciones personales, fueron surgiendo vestigios de hechos relacionados entre sí, y otros aislados y distantes en el tiempo, que comenzaron a tomar cuerpo, despertando en mí extraños recuerdos.

El día de la citación, el enlace del Comité Militar se presentó en mi casa de madrugada, para llevarme con él hasta una escuela cercana, que esa noche se había transformado en el PRP[1].

En ese colegio yo había estudiado parte de la secundaria básica, por ello la estancia en aquel lugar me llevó a recorrer las aulas y a recordar algunos momentos de mi vida de estudiante.

Las primeras horas en el recinto, bajo estricto control militar, me resultaron perturbadoras. No obstante, el contacto con la escuela me liberaba a ratos del verdadero problema que me retenía allí. A pesar de los años y el abandono, la escuela se mantenía igual; sólo había variado el alumnado, y las consignas en los murales. Como llevado por un impulso íntimo, los primeros recorridos por los pasillos me condujeron a las aulas donde yo había estudiado.

> Nos sentábamos en el borde de la cerca a tomarnos el refresco y comer el pastel de guayaba, si lo había y si llegábamos a tiempo para la merienda.
> Mirábamos a las gentes pasar por las calles. Algunos estudiantes fumaban escondidos de los profesores en los baños o detrás de un árbol en el patio. Varias muchachas jugaban baloncesto y sus largos cabellos se agitaban al saltar junto a la canasta. Durante el receso,

---

[1] Punto de Reunión Previa

algunos escapaban de la escuela por entre los barrotes de la cerca, torcidos con ese propósito. Juan Carlos y yo hacíamos ejercicios en una barra, ejercicios que eran más bien un juego de entrelazarse los pies, para ver quién caía primero. Un maestro me dijo —y hoy comprendo que muy intencionadamente— que ése era un juego erótico. Yo lo sigo dudando.

Parado junto a la puerta del aula donde pasé el primer curso, pensé en la muchacha que se sentaba junto a mí. Ella hacía reír a toda la clase cuando estiraba y contraía sus labios, para que la boca imitara la de un pez. Le decíamos "la limpiapecera". Me acordé de los Juan Carlos, de otros que se habían destacado por algo, y de aquellos conocidos por originales nombretes. Todo resultaba muy agradable, era un recorrido casi real por un sitio al que nunca más pensé tener acceso. De pronto, en medio de los recuerdos apareció Rodolfo. El no tenía cabida en ese viaje inesperado de adulto por la adolescencia. Aunque estaba en la misma escuela, nunca estudió en mi misma aula, ni siquiera en la misma sección matutina a la que yo asistía. Su aparición, fuera de lugar, me inquietaba. Sin embargo desde el momento en que llegó a mis pensamientos, lo seguí viendo en cada lugar al que me dirigía, en cada puerta que abría, en cada pupitre al que mirara.

El encuentro con la imagen, porque era tan sólo una imagen, de Rodolfo me desconcertaba. Traté de relacionar algún detalle para descubrir el origen de su aparición en mis recuerdos, pero fue inútil. No estaba seguro de su nombre, más allá de una inicial, y su figura me resultaba vaga. Con el tiempo creí haberlo olvidado del todo, hasta que descubrí, que desde aquel día de la movilización, jamás he dejado de pensar en él. La situación que me retenía en la escuela me intranquilizaba. A cada momento aparecían más enlaces, seguidos por los movilizados. Era difícil escapar a la citación, el funcionario del Comité Militar tenía órdenes precisas de llevar consigo al reservista hasta el PRP. No se aceptaban excusas, era —decía— una alarma de combate real. Había que vestirse rápido, coger una cuchara, echarse un cepillo de dientes en el bolsillo y partir sin más dilación. El patio de la escuela estaba colmado de gentes. Se veían pequeños grupos en los rincones, conversando escandalosamente y con grandes aspavientos. Unos pocos dormían sobre la hierba. En cada espacio de la enorme cerca, donde estaban los barrotes torcidos, había un hombre vestido de militar custodiando la posible vía de escape. Todo estaba calculado para evitar que alguien apareciera en los libros de control como *citado* y luego se evadiera por el enrejado. Algunos comentaban que la movilización tenía como objetivo la preparación combativa, otros afirmaban que era una prueba para medir la efectividad de los enlaces. Los que habíamos escuchado la Voz de las Américas, resultamos ser los más informados, sabíamos que el alboroto era parte de una protesta de Estados Unidos, por la presencia en Cuba de una brigada de combate rusa.

    Los oficiales reunidos en un aula próxima al patio hablaban constantemente por teléfono, llenaban planillas y consultaban papeles. A cada hora llamaban a formación y anunciaban que los camiones de transporte estaban en camino. Mi desesperación crecía pues todo parecía indicar que la movilización tomaría un largo tiempo, quizás meses.

    Amaneció en el patio de la escuela sin que los anunciados camiones llegaran. Los alumnos que se preparaban para las clases, comenzaron a mezclarse con los reservistas, pero de inmediato alguien dio la orden de aislarlos de nosotros. Los muchachos nos observaban con curiosidad, algunos eran tan jóvenes que lo que hacían era reírse al ver adultos en una escuela para adolescentes. Los mayores, entre 14 y 15 años, nos miraban con rostros serios, pues para algunos de ellos ese tipo de situación había comenzado, o estaba a punto de presentárseles. Tal vez ya estuvieran inscritos en el Servicio Militar Obligatorio, y sólo esperaban ser llamados a filas.

Los estudiantes continuaban llegando a la escuela, vestidos con sus blancas camisas y pantalones grises. Muchos traían caras de sueño, sus cabellos húmedos y recién peinados. Después de contemplar a esos adolescentes reunidos en el patio de la escuela, comencé a ver en cada uno de ellos, sobre todo en aquellos de pelo negro, a Rodolfo. La selección de los muchachos trigueños me hizo pensar que había descubierto un rasgo más de Rodolfo. A él sólo lo recordaba por esa vaga idea de su nombre, y por algunos detalles aislados de su figura. El color de su pelo vino a aclararme un poco su forma, pero por mucho esfuerzo que hacía no encontraba en mi memoria ningún otro detalle, que pudiera definirle un rostro, darle características verdaderamente individuales.

Algunos de los estudiantes que llegaban eran vecinos míos, y me saludaban y me gritaban desde lejos. Uno de ellos era prerrecluta, y una tarde, no mucho tiempo atrás, me estuvo preguntando cómo se desarrollaba la vida dentro de una Unidad Militar. Se mostraba muy intrigado y nervioso. Al verlo dentro de la escuela pensé que por su edad, muy pronto tendría que abandonar el colegio. Cualquier día le llegaría la citación para ir a cumplir el SMO[2]. Cualquier mañana iría junto a su familia al cine del barrio, de donde salían los camiones con los nuevos reclutas hacia las Unidades Militares.

Creí haber olvidado toda la confusión que se creó con Rodolfo el día de la movilización, hasta que una tarde, muchos años después, fui con mi prima a una feria de diversiones, de ésas que pasan por Miami todas las primaveras, y siempre en el mismo mes, cuando entre el alboroto de los aparatos mecánicos y las gentes que se divertían, mi prima me dijo: "Mira, ése es Juan Carlos". Al principio creí escucharle decir: "Mira, ése es Rodolfo". En ese momento me sobresalté, me puse muy nervioso, sentí miedo; una injustificada y extraña sensación me embargó al confundir los nombres. Al comprender mi error, al recuperarme de mi desasosiego, durante el cual perdí la noción del tiempo y el contacto con la realidad, pude ver a mi prima tratando de imponer su voz, sin éxito, por sobre el ruido imperante, para llamar al hombre, que se alejaba sin escucharla.

Juan Carlos había estado conmigo en la escuela primaria, también en la secundaria, pero sólo durante el primer año. Al verlo entre el tumulto me pareció un ser ajeno a todo mi pasado. En los tiempos de estudiante, él había sido la mascota del colegio. Era lindo, rubio, de escasa estatura, pero sobre todo un muchacho de una sonrisa limpia, siempre alegre. Cuando se fue de Cuba con su familia, su ausencia se sintió por largos meses. Su imagen de niño quedó grabada en el grupo de estudiantes, que seguíamos compartiendo su recuerdo.

Desde ese encuentro fortuito, fugaz e inesperado en la feria, nunca más he podido recordarlo como el niño que fue, sino

---

[2] Servicio Militar Obligatorio

como el hombre adulto, el hombre barbudo y delgado que vi caminando por el parque de diversiones. El incidente ocurrido, al confundir los nombres de Rodolfo y Juan Carlos, me hizo descubrir que a pesar de los años, de vivir en otras latitudes y el aparente olvido, Rodolfo ha continuado en algún lugar de mi memoria.

El encuentro con Juan Carlos me hizo pensar en otro muchacho de su mismo nombre, el otro Juan Carlos, que también forma parte de mi infancia y época de estudiante. A éste lo encontré una noche en La Habana. El estaba en la esquina de su casa, solo, recostado a un muro, cuando yo pasaba distraído con un amigo. Me llamó. Lo saludé con un cariño desmedido, pero su físico me mostraba a un ser extraño. En aquella ocasión hablamos tan poco, que no puedo recordar casi nada, excepto que estudiaba medicina. Cuando continué caminando con mi amigo, éste se refirió, con mucha prudencia, a una extraña mirada mía. Sólo sé, sólo he comprendido, que Juan Carlos, ese hombre que ahora debe ser un médico, sigue siendo parte fundamental de una etapa imprecisa de mi adolescencia.

Con los dos Juan Carlos y con otras amistades que he ido encontrando en el transcurrir de los años, me ha ocurrido una cosa muy compleja. Cada vez que he intentado pensar en ellos, se interpone siempre al recuerdo más viejo, que es a su vez el más agradable, la figura del hombre adulto. Pero con Rodolfo todo ha sido distinto; a él lo estuve viendo hasta el mismo año que salí de mi país; sin embargo, de su rostro no he podido retener nada. Lo curioso, y en gran medida lo desgarrador de Rodolfo, es que continúa como una torpe sombra a mi alrededor, que si bien no representa una obsesión, si resulta una persistencia extraña e impenetrable.

Rodolfo no es un recuerdo porque no tiene forma de recuerdo. El brota de algo casi abstracto, de momentos aislados, de encuentros casuales. Por él no puedo decir que sienta cariño, ni rencor; no hay desbordamientos ni penas. No hay entre nosotros casi nada en común, para no decir absolutamente nada. Cuando pienso en los golpes que recibí de mi padre, en los paseos dominicales con mi tía; cuando recuerdo el miedo que sentí al cruzar el Estrecho de la Florida, o el rostro de una mujer que vi muriendo, reconozco en ellos recuerdos, estados de ánimo, sensaciones. Pero cómo llamar al encuentro en el patio de una escuela, al cruce inevitable por el barrio, a una coincidencia en el ómnibus. No hay forma de nombrarlos. Rodolfo no era mi amigo, nuestro vínculo era exclusivamente un roce casual, una relación visual.

A la salida de la escuela corríamos hacia una cafetería cercana. Al *Niágara* había que llegar de los primeros, para poder comer el "plato frío" completo. Más tarde se acababan las croquetas, el pan con pasta, el helado. Al final sólo quedaba, si quedaba, la ensalada casi siempre ácida.

Los muchachos se fajaban en la cola, pero yo siempre estaba delante. Desde que sonaba el timbre de salida, metía las libretas en el bolsillo trasero del pantalón. Después corría las tres cuadras sin parar y llegaba sofocado, con la camisa medio por fuera, sudado. Nada me preocupaba, quería llegar de los primeros, y me sentía feliz de conseguirlo.

Las muchachas que ni me miraban durante las clases, se me acercaban. Todas me pedían que las colara. Y yo para congraciarme con ellas las ponía delante de mí.

Mientras Juan Carlos y yo comíamos, las alumnas de noveno grado se reunían con sus novios, se besaban a escondidas aunque todo el mundo los veía. Algunas recogían las sayas de sus uniformes, que había que llevar en clase por debajo de las rodillas y las convertían en minifaldas.

Yo salía contento de ser de los primeros en comer, de haber sido el centro de atención de esas muchachas, aunque fuera por sólo unos instantes.

Rodolfo vivía en un edificio blanco de franjas azules, muy cerca de mi casa. En realidad pocas veces lo vi entrar o salir. Supe (no recuerdo cómo) que a su padre lo fusilaron, después de haber permanecido escondido muchos años en su casa, en el quinto piso del edificio. Al hombre lo condenaron a muerte; durante años estuvo esperando que se cumpliera la sentencia, de la que no tuvo escapatoria, aún cuando se hicieron muchas gestiones a su favor. Con el tiempo, su hijo se fue enterando de la realidad que le esperaba a su padre, por haber sido miembro del ejército derrotado.

Recuerdo haberlo visto subir a una guagua en la que yo viajaba. El tomó el ómnibus en la parada frente a la terminal de servicio interprovincial. Llevaba un bolso en la mano, y su madre los ojos llorosos. La mujer ocupó mi asiento, y Rodolfo me dio las gracias con voz entrecortada. Hasta hoy sólo recordaba al muchacho por su pelo trigueño. Ahora me viene a la mente sus ojos grandes y brillantes. Descubro en este momento, que al pararse a mi lado en el autobús, su estatura era mayor que la mía, y sus brazos algo musculosos. Pienso sin cesar en el bolso que llevaba en la mano, en su voz vacilante al agradecerme el asiento que le cedí a su madre. También pienso en ese día, donde tal vez, regresaba de la prisión de Matanzas con la noticia del fusilamiento de su padre.

Quizás el misterio de este hombre radique en que trataba de proteger a su padre. Jamás lo vi en un cine, ni jugando de niño con los otros vecinos. Ni siquiera lo recuerdo haciendo una cola para comprar algo de comer.

La última vez que coincidí con Rodolfo, él estaba sentado sobre un muro en los bajos del edificio donde vivía; como siempre, estaba solo. Yo caminaba hacia la casa de mi tía, cuando al doblar la esquina me lo encontré con la cabeza baja y con uniforme militar. Al verlo vestido de verde olivo no supe qué hacer. Aunque resultaba difícil precisar su edad, sí estoy seguro que ya había pasado el tiempo para ir a cumplir el servicio. Me causó una rara impresión verlo, pues de inmediato recordé los años que llevé ese uniforme y sobre todo, lo que representaba. De pronto me di cuenta que había detenido mi andar, y que lo miraba fijamente. El levantó la cabeza sorprendido. El traje militar, el pelado muy corto, lo convertían en otra persona. Sin embargo su rostro llevaba una expresión de tristeza, de deseos de compañía, o tal vez tan sólo, de necesidad de hablar.

El haber detenido mi andar me comprometía. No alcanzaba a encontrar una escapatoria a la situación que se me había creado involuntariamente. Ambos nos miramos esperando que uno de los dos fuera el primero en reaccionar. Tras un tiempo de espera prolongado, aguardando a que me llamara, emprendí mi camino de nuevo. Cuando llegué a la esquina y me volví para mirarlo, Rodolfo ya había vuelto a bajar la cabeza. Después de ese día no recuerdo haberlo visto más. Quizás aquella vez cuando lo vi vestido de militar, ese encuentro, sea la causa de que tanto lo recuerde, aunque el día de la movilización en la escuela, ocurrió mucho antes. Pero luego en Miami, tras el incidente en la feria y la lectura del artículo en el periódico, cada vez pienso más en él y lo hago no como en una persona que me agrade o me desagrade, sino como quién piensa en un misterio impenetrable, como si él fuera el centro incesante de mis recuerdos.

A veces tengo la impresión de que me lo encontraré en la calle, en algún sitio inesperado, y que no sé por qué, imagino poco concurrido. En realidad quisiera no volverlo a ver, pues tengo miedo que su misterio se desvanezca. No quisiera sumar a Rodolfo a la lista de encuentros posteriores frustrantes.

Tal vez esté aquí, en los Estados Unidos, me gustaría que fuera así, pero es posible que aún permanezca en Cuba, en el edificio blanco de franjas azules, sentado en el muro con su uniforme militar, o quizás mejor, vestido de civil con la cabeza erguida, su pelo negrísimo abundante, esperando a que alguien pase.

EJERCICIO CON ÁRBOL Y ATARDECER

El frío comenzaba a amainar, al menos los últimos días se sentían más cálidos. Ya el sol llegaba a calentar algo y como reaccionando a un clima más benigno, la vegetación en las distantes montañas, adquiría una tonalidad diferente, llenándose de un poderoso verdor, de matices intensos que trepaban precipitadamente por las laderas, hasta adquirir explosivos colores en la cima.

Con la fauna ocurría algo similar; las ardillas, las mofetas y los mapaches comenzaban a dejarse ver. Salían de sus refugios debajo de las barracas a corretear por el césped. En algunos casos huyendo de la gente que trataba de atraparlos, o escapando de las enormes piedras que les lanzaban.

La pujanza de la primavera servía para recordar que los días, las semanas y los meses se agolpaban pesadamente unos encima de los otros en Fort Indiantown Gap. Mario, Raúl, Tony, Lucio, Alberto, aquellos con los que simpatizaba habían logrado irse ya, dejando a los que quedaban en una suerte de desamparo y frustración crecientes. Al menos sobre eso meditaba Otto, mientras observaba una ardilla subir el tronco de un árbol a una velocidad asombrosa.

En un principio toda relación era de pura convivencia, en muchas ocasiones definida por la inseguridad y la cautela. Así pensaba, mientras seguía con la vista el camino que recorría uno de esos veloces animalitos. Después de todo las amistades hechas le habían servido a lo largo del tiempo, de útil compañía y de mutua protección. Sin embargo, casi todos habían salido del Fuerte ya, dispersándose por el país. El último de ellos, Daniel, estaba partiendo esa misma mañana.

Otto recordaba el rostro iluminado de su amigo, por el que más aprecio sentía, cuando su nombre apareció en las listas de salida. El muchacho se llenó de una expectación que no lo dejaba coordinar los actos, mientras el otro, aparentando compartir ese entusiasmo, tomaba conciencia del aislamiento en que quedaba. Daniel dio un salto mientras pronunciaba en alta voz su nombre y apellido. Casi al instante abrazó a Otto, que ya había recibido el mismo abrazo en otras ocasiones, y por la misma causa.

A la sombra de un gigantesco árbol que nadie podía identificar por su nombre, ni siquiera los que custodiaban el Fuerte, se reunía el grupo, que cada día se reducía más, a conversar en las tardes. La anterior había estado allí con Daniel, no sólo recordando, una vez más, los pormenores del viaje a través del Estrecho de la Florida y criticando la lentitud en el procesamiento de los retenidos, sino especulando sobre la vida del otro lado de la alambrada, sobre Lucio que acababa de desatar prácticamente una conmoción general, al enviar una postal desde Miami, donde se podía leer el mensaje *Welcome to the Little Havana*.

Muchas barracas ya estaban vacías y las habían cerrado. La de Otto sería la próxima en ser clausurada y él lo sabía. Lamentaba perder la espléndida visión que tenía del valle, que se extendía plano y fértil hasta detenerse abruptamente en la distancia, para luego levantarse en una sólida pared como parte de la Cordillera Azul.

La monotonía y la frustración estaban afectando mucho a Otto que dejaba pasar varios días sin bañarse, sin rasurarse y sin lavar la única muda de ropa que poseía. Sin embargo las ocasionales tardes cálidas, junto a los atardeceres destellantes, lo trasladaban a su familia, a su ciudad, desde luego perdida, y a su clima. Esa confrontación visual y estética, le aportaba por momentos energía y vigor.

Entró al baño. En un salón contiguo estaban utilizando las duchas. Se acercó al lavamanos, se enjabonó la barba de por lo menos cuatro días y comenzó a rasurarse. El trino de unos pájaros le hizo tomar conciencia de que por momentos algo se estaba renovando en el aire. De repente todo había adquirido energía, y ese ejercicio de fuerza, de expansión, estaba llegando a él.

Nunca había quedado tan bien afeitado, se pasó el dorso de la mano por las mejillas, sin encontrar cañones, ni nada que obstaculizara sentir la piel fresca, como la de un niño. Entró a las duchas. Aunque casi todas estaban chorreando agua hirviente, sólo en la última alguien se bañaba. El humo denso y el calor asfixiante que libraban los otros grifos abiertos, impedía una visión clara. Otto le iba a llamar la atención, pero se detuvo al descubrir que era Daniel, quien ya completamente enjabonado, se restregaba contra los azulejos de la pared. Otto observaba inquieto cómo se frotaba extendiendo sus manos mientras flexionaba las rodillas. La visión del joven entregándose de lleno al disfrute de su cuerpo, motivaba estímulos en Otto, que entre otras cosas tomaba clara conciencia que, desde su llegada al Fuerte, no había visto una mujer. ¿Dónde estaban? ¿Cómo era posible que no se hubiera dado cuenta antes? Daniel se movía aceleradamente, se contraía y convulsionaba. Mientras tanto Otto comenzó a ducharse, cuidando de no ser descubierto por su compañero.

Una luminosidad casi tropical se había apoderado del Fuerte en los dos últimos días. La cordillera de los Apalaches reverdecía por minutos y el aire adquiría otra frescura proyectando nuevos olores. Así lo sintió Otto, sobre todo, cuando vio venir silbando al último de sus amigos en el campamento. Satisfecho Daniel se echó sobre su cama. Pero casi al instante le propuso a Otto salir a caminar. Atardecía predominando el naranja sobre las otras tonalidades. Al otro día en la mañana Daniel Cuevas dejaría solo a Otto.

El autobús se alejaba. Una V de victoria fue la única despedida que Otto estuvo dispuesto a entregar. Después de todo sabía que eran muy remotas las posibilidades de que todos aquellos amigos, hasta ese instante tan importantes, volvieran a encontrarse. Bajo el árbol de nombre desconocido, finalizaba una día más. Una bandada de pájaros sobrevoló el campamento en dirección a las montañas, que ya comenzaban a desaparecer entre la oscuridad, mientras Otto notaba que el tronco del árbol ya no era ni tan recto, ni tan alto, por el contrario advirtió cierta imperfección. Un viento helado lo obligó a caminar apresurado hacia su nueva barraca en busca de otra cobija.

A la mañana siguiente, antes de ir a consultar en la Comandancia las nuevas listas, observó desde su cama, que también permitía disfrutar de una clara visión del campo, la caprichosa inclinación que había tomado el árbol. El día pintaba gris, nublado y denso. Buscó varias veces su nombre sin resultado. Una fuerte lluvia, acompañada de un viento helado, arrancó las listas del mural, mientras una granizada estruendosa golpeaba a Otto que corrió a guarecerse en uno de los comedores. Los vidrios de las ventanas estallaron y una de las listas curiosamente quedó atrapada, extendida a todo lo largo, sobre uno de los cristales rotos.

CONTRATIEMPOS

Llevaban una infinidad de horas encerrados en la habitación. No tanto como encerrados, pues las ventanas permanecían abiertas y bastaba con hacer girar la manigueta de la puerta para abrirla. Era la tarde del domingo y las horas que se suponían las últimas de un fin de semana que transcurría pausado y sumergido en el paisaje indescifrable del trópico. Desde que amaneció se esperaba uno de esos días insufribles de verano, donde el sol hace arder con más rigor los techos de las casas. A pesar de un sinnúmero de detalles dispersos que reducían los espacios a su más mínima expresión, aun aquellos que parecen los más abiertos, la tarde flotaba envilecida como acostumbra a hacer en el verano. Mientras tanto los dos hombres permanecían sudorosos en la habitación, negando de alguna manera, lo esencial de una verdadera tarde, un cielo completamente limpio, esplendoroso, sin una nube.

 La habitación ocupaba el mismo vórtice del verano, y en su interior sofocante, ellos se limitaban a hacer cosas dispares. El maestro calificaba unos exámenes sobre un viejo y algo deteriorado sillón de madera, que por obra y gracia de una larga tabla se había transformado en una útil pero no confortable mesa de trabajo. A medida que realizaba su labor, la tarde iba dispersándose entre el fogaje acumulado y el silencio. A su lado, Rafael permanecía acostado sobre la cama, escuchando un partido de pelota por radio y expresando a cada rato, pero sin recibir respuesta a cambio, era como una letanía que aburría, sus deseos de tener un ventilador. Trataba de dormir, no por cansancio o agotamiento, sino porque eso era parte de su esfuerzo por apresurar la caída del sol, que quemaba aun en el rincón más apartado y ventilado de la casa. El juego de pelota que escuchaba valiéndose de unos audífonos, para no entorpecer el trabajo del maestro, era parte de las formas de acelerar el derrumbe del día. Pensaba que tras oscurecer podrían salir a la calle.

Cuando estaba a punto de ocurrir una jugada importante para el partido, Rafael retiraba el audífono del oído para no ser testigo de un momento crucial. Era entonces que comenzaba a percibir un murmullo desconocido, el de las hojas de los exámenes pasando de un lugar a otro sobre la improvisada mesa. Las hojas emitiendo sonidos suaves al ser movidas, ya marcadas con el tradicional lápiz rojo o azul.

No se hablaban. Ni una palabra se habían cruzado en el largo tiempo que llevaban juntos. Había entre ellos un silencio preocupante, que se prolongaba. Cada uno haciendo algo, o muchas cosas a la vez, cosas incoherentes para que pasaran las siempre interminables horas de las tardes de verano.

Rafael, sin embargo, se veía impaciente por salir a la calle, a cualquier sitio, aunque fuera para derretirse en el camino hacia el paradero de ómnibus de la Víbora. Cualquier cosa, pero salir a la calle, sentir ese domingo. Estaba tan aturdido por el calor, que llegaba un momento en que no deseaba absolutamente nada, ni moverse; tan sólo cerraba los ojos sin proponérselo, sin estar cansado. Su idea fundamental era alejar el tiempo, los minutos interminables, olvidarse del paisaje, de las calles repletas de autos destartalados, de las avenidas empegostadas de chapapote, de la calzada de Jesús del Monte encharcada de agua pestilente y burbujeante. Jugaba a descubrir el momento preciso en que pasaba de estar despierto, a dormido; pero no lograba encontrar ese instante mágico. Por el contrario al regresar de su entretenimiento, lo único que reconocía era el sonido de los papeles. Y lo disfrutaba, y se iba metiendo dentro de esas hojas atiborradas de números, hasta convertirse en un examen repleto de ecuaciones absurdamente resueltas.

...y como soy un examen, siento cuando él me toca, y me aprieta, y me acerca a los cristales de sus espejuelos de armadura dorada. A través de ellos veo sus ojos gigantescos, y le pregunto que por qué no me dice nada, pero no me responde, quizás no me escuche. Para él aún estoy acostado en la cama y por eso me ignora, no me reconoce en sus exámenes. Si supiera cómo soy ahora, cómo he podido estar tan cerca de él, entonces, casi seguro, dejaría de calificar y estableceríamos una conversación interesante sobre la metamorfosis del hombre en papel. Este papel amarillento y duro. Pero como no logro interesarlo en mí como algo nuevo, novedoso, al menos fuera de este sin sentido al que nos hemos acostumbrado, o nos han obligado a pertenecer, me molesto e intento abandonar la hoja. Pero siento cuando él hace correr un lápiz rojo sobre un trinomio, y eso me hace bien, aunque la tachadura ha venido a cubrir mis ojos. Y como veo en rojo, como ya no siento nada, vuelvo de un salto sobre la cama.

El calor acumulado en el cuarto lo hacía flotar todo, hasta el tedio corría descontrolado de un lado a otro de la habitación sin encontrar escape posible. El cuadro de la abuela se derrite como muerte. Es la muerte. El blanco se mezcla con el verde y se torna luz. El clavo que lo sostiene en la pared se desprende, y cae estruendosamente rompiendo el cristal también reblandecido, transformando los rostros en figurillas aladas como ángeles o monstruos erotizados, que en el revolotear desesperados por el cuarto, caen calcinados al tropezar con el techo prácticamente en llamas.

La tarde, dando un salto apresura su paso, mientras Rafael revisa el librero. Sin un interés marcado lee algunos títulos, pero no llega a sacar ninguno de los estantes. Camina de un lado a otro por entre los minúsculos espacios no ocupados por tarecos, desgraciadamente todos útiles, algunos imprescindibles. Con disimulo mece el sillón donde el otro trabaja, pero éste sin pronunciar palabra lo detiene, y continúa haciendo marcas enloquecidas sobre los exámenes. Rafael casi consciente de que hay muchas cosas por hacer, pero sin deseos de hacer ninguna, comienza a imaginar cómo será la noche después de uno de los días más calurosos jamás padecidos. Piensa que quizás una brisa se apiade de la isla, que los árboles vuelvan a mecerse, que al menos dejen de sudar las manos, que las horas de la noche inciten a los hombres a abandonar de prisa el cuarto, a los amantes a hacerse el amor con más pasión, al Malecón a abanicar la ciudad, al mar a disuadir a tiempo a los suicidas.

Rafael encuentra un pedazo de cartón, algo arqueado y comienza a abanicarse. Es la carátula de un libro que también se ha despegado por el calor. Dirige el cartón hacia el maestro que califica los exámenes. Este al sentir el aire cálido, se pasa las manos por la cara, por el pelo húmedo de sudor. Pero aun en ese momento especial de la tarde, no reacciona como Rafael esperaba, y se mantiene en un silencio impenetrable. El joven ve como las colillas de los cigarros acumuladas en el cenicero, se avivan por el aire del cartón y comienzan a quemar las aristas de un polígono todavía por calificar, pero no hace nada por impedirlo.

Cansado de mover el cartón de un lado a otro sale al patio en busca de la brisa, aunque sabe que no la va a encontrar. El olor del verano lo atrapa y lo lleva al mismo centro del traspatio. Como ha salido sin camisa, el sol le quema la espalda y los hombros, levantándole de inmediato ampollas. La piel va cayendo sobre las piedras también ardientes y se funde con ellas. Rafael, adolorido por sus hombros en carne viva, se apresura hacia el lavadero y mete la cabeza bajo la pila de agua, pero como es más de las seis de la tarde, hora en la que, religiosamente, el acueducto retira el suministro a la ciudad, sólo recibe un ligero chorrito de agua también hirviente, el poco que aún quedaba en la cañería.

Vuelvo a ser una hoja o varias a la vez. El maestro que está muy molesto por el calor, la claridad insoportable del verano y las sombras que se lanzan hacia todos los rincones, da un manotazo sobre un examen, sin saber que me lo está dando a mí. Al hombre se le acentúa su malestar. El calor final de la tarde comienza a derretir las ventanas, que ya goteaban su sustancia dejando una mezcla babosa en el piso de la habitación. De malhumor prosigue calificando como si no le importara lo que estaba pasando a su alrededor, pero de reojo mira cómo la ventana se va tapiando sola. Con una rapidez asombrosa y como para procurar que al menos el poco aire caliente de la calle siga llegando, atraviesa una regla de madera entre las persianas, pero ésta también se derrite.

Una hoja desarrolla una voltereta mágica en el aire, emitiendo su sonido característico: acaba de ser virada para calificarla por detrás. Ahora soy un examen por la otra cara. Estoy de espaldas y tengo la nariz comprimida contra la tabla. El disgusto del maestro parece una explosión, por lo que asume son borrones. Pero me siento bien, muy bien, sus dedos recorren los pasos desarrollados por el alumno, pero en realidad están aliviando el dolor de mi espalda. Mientras eso ocurre, el papel se va abriendo en poros, son poros. Siento cuando su uña levanta los números, que no son otra cosa que las ampollas, todavía sobre la espalda. Y es mi piel olvidada por un instante del calor y las quemadas, que ahora está mejor.

El maestro hace una pausa. Estira sus brazos, junta las manos sobre la cabeza, luego las baja hasta la nuca. Se le nota cansado. Sin pronunciar palabra prende un cigarro, Rafael hace lo mismo. El humo se confunde con el vapor acumulado en el cuarto y se hace una nube espesa que no los deja verse.

Rafael aprovecha el intermedio para hablarle al maestro.

—¿No vamos a salir hoy?

—No hay a donde ir.

—Sí, vamos a Coppelia.

—No, seguro hay mucha cola.

—Entonces al Parque Lenin.

—No puede ser, hay mucho calor y tengo que entregar los exámenes calificados mañana temprano.

—Vamos al Malecón.

—Te digo que hay mucho calor.

—Allí se supone que exista el fresco, es el mar.

—Aquí nada se puede suponer.

—Al cine, qué te parece el cine.

—No hay nada que ver.

—Sí, una película rusa que estrenaron el jueves.

—Si es rusa tiene que ser mala.

—No importa, entiéndelo, no importa, al menos cogemos aire acondicionado. ¿No te persuade la idea del aire acondicionado?

—Seguro que va a estar roto.
—Bueno, ya lo tengo, a Artemisa a tomar batidos de plátano.
—Vete al carajo. Déjame terminar esta mierda.
—¿Entonces no salimos?
—No, hoy no es posible. Haz algo, coge los exámenes calificados y pasa las notas al acta de comparecencia.

Rafael mira un trabajo donde hay una función seno y la alarga, y la empieza a hacer girar como si fuera una suiza.

—Deja de hacer eso, ahora se ha convertido en una parábola y tengo que quitarle los puntos al alumno por tu culpa.

Los dos volvieron al silencio. El hombre calificaba desesperadamente, trataba de acabar con toda aquella cantidad de papeles lo más pronto posible. Las hojas continuaban murmurando entre sí, como chismeando, y Rafael que ya había descubierto el lenguaje de las hojas, lo disfrutaba. Era un sonido suave y calmado.

Rafael pasaba las notas a la libreta del maestro.

—¿Qué dice aquí?... ¿Krokusca?... ¿Kukuca Rodríguez?... ¿Cómo es el nombre?

El hombre sonríe, mira a Rafael, le habla con un tono mágico, hace cosas como si jamás hubiera actuado de esa forma con Rafael empapado en sudor. Se le acerca y tomándolo por la oreja, le dice: *Bestia, ahí dice Katiuska Rodríguez.* El maestro extiende su mano hacia el pelo rizado y revuelto de Rafael, y con una sonrisa, en susurro le dice: *cuando terminemos aquí vamos a salir.*

Hay una claridad cegadora penetrando por una hendija de la ventana, ya totalmente derretida. El insoportable calor del trópico en una isla confundida por una luz aplastante y sus sombras. Las calles más alargadas que nunca y sus densas sombras, la naturaleza y sus sombras, los ómnibus abarrotados, y las gentes, y las colas, y entre todo primando esas sombras... El cuarto proyectando los exámenes, los números, las ecuaciones, los objetos, hasta las propias paredes lanzando sus sombras sobre la ciudad convertida por el agotamiento y el horror, en la más imborrable de las sombras conocidas.

Rafael, desesperado, seca el sudor de su cuerpo con una toalla, traga en seco y cierra los ojos para hacer su propia y personal sombra; pero de inmediato los vuelve a abrir, ahora más expresivos que nunca, por temor a que al volver a la realidad esté de nuevo solo en el cuarto, que ya era una pasta a punto de licuarse.

El maestro había dejado de calificar, y Rafael que conocía la razón del hombre, se suma a ese momento disfrutándolo plácidamente. Una bandada de gaviotas se hunde en el mar, se refresca en el mar, que aunque distante ellos lo hacen próximo a la casa. Ven a los adolescentes bañarse en el mar, en los arrecifes, en las pocetas. Una patrulla interrumpe a los nadadores y los arresta. Los dos hombres en el cuarto, bien lejos del mar, regresan al calor de la habitación, tan derretida, que se ha reducido a espacios inhabitables.

El silencio vuelve a ser total, desquiciante a ratos. El maestro califica los exámenes finales y Rafael enciende el radio para continuar escuchando el partido de pelota, pero lo apaga de inmediato, pues todas las estaciones han comenzado a transmitir, una vez más, el último discurso.

Rafael extenuado, avanza arrastrándose hasta la puerta de la habitación, mira al patio y trata de descubrir por las sombras sobre las piedras cuánto faltaba para que concluyera el día, definitivamente interminable, único. Rafael se peina y se prepara para marcharse, ya que era evidente que no saldrían a pesar de la promesa. Al despedirse, el maestro, sin emotividad, le dice que no se preocupe si al día siguiente no tiene ocasión de volver. Rafael se va confundido, sin entender ni preguntar, lo que le quiso decir.

Al salir de la casa encontró en la puerta un carro bastante nuevo, pero no le prestó atención, aunque se le hizo extraño un vehículo de esa naturaleza en un barrio pobre de una Habana en ruinas, detenida en el tiempo. Continuó su andar hacia la parada de ómnibus, pero en vez de llegar la ruta 1, que era la única que pasaba por allí, la que apareció fue la 14B. Otro detalle desconcertante; nunca había visto una ruta que tuviera letras, y mucho menos aire acondicionado en su interior. No le dio importancia a la confusión de los números de las guaguas, más bien pensó que sería consecuencia lógica de algún examen. Al llegar a su casa, notó la ausencia de las losas rojas en el portal. Al entrar, el interior era el de un edificio alto, muy limpio. En la puerta del elevador había un anuncio en inglés, donde alguien ofrecía una recompensa, por una perrita extraviada. Extrajo el llavero y encontró numerosas llaves desconocidas. El interior de la casa no se parecía a la suya, ni a la del maestro. Estaba algo aturdido. Encendió el televisor y en el noticiero estaban dando el parte del tiempo para Miami y sus vecindades. Rafael estaba sorprendido, pero sonreía distinto, como quien llega al fondo de un asunto complicado. Se propuso caminar un rato por el barrio, y al salir encontró junto a la entrada del edificio un buzón que tenía su nombre. Comenzaba a forzarlo cuando tomó conciencia de que con toda seguridad, una de sus llaves lo abriría. Extrajo una carta, y tras abrirla comprendió que llevaba mil ochocientos treinta y ocho días sin él.

FOTOS FAMILIARES

A menudo las cosas acontecen de manera fortuita, sin explicación aparente, pero ocurren y se hace necesario enfrentar las situaciones sin temor y sobre todo sin dar a entender a los demás, aun cuando sean allegados, que algo extraño pasa. Al menos de esa manera se proyectaba mi hermano Rolando y de ese comportamiento me nutrí, imitándolo al máximo y dejándole entrever a veces, sólo muy pocas veces, lo orgulloso que me sentía de él. Yo aprendí rápido agregándole a esa manera de vivir un toque personal que llegaba incluso a irritarlo en ocasiones.

Desde hacía algunos días, él me estaba pidiendo ciertas fotos que yo conservaba y guardaba celosamente en álbumes y cajas de cartón, que además mantenía bajo llave en una caja fuerte resistente al fuego y al agua, asumiendo de una manera implícita —la caja la habíamos comprado entre todos, era muy costosa—, un control total sobre un legado familiar, que de alguna manera, probablemente por nostalgia y amores filiales, tal vez exagerados de mi parte, literalmente atesoraba y controlaba con orgullo. Jamás otro miembro de la familia intentó hacerle frente a la responsabilidad, dejando de esa manera todo a mi cuidado, al extremo que aun casados y viviendo en diferentes partes seguían poniendo bajo mi control el "patrimonio" de sus nuevas familias. Cada vez que alguien requería de algún documento importante, inscripción de nacimiento, fe de bautismo, certificado de defunción o prueba de ciudadanía recurría a mí, que me las ingeniaba para nunca entregar los originales, sino fotocopias. En las escasas ocasiones en que era ineludible presentar un original, no dejaba de requerir su devolución inmediata, y no paraba hasta lograrlo.

Algo similar ocurría con las fotos. Yo trataba de que se olvidaran de ellas. Algunas veces, cuando éramos más jóvenes, me las pedían para enseñárselas a la novia o novio de turno —cosa esta que me desquiciaba, ya que de alguna manera mostrar viejas fotos es como desnudarse un poco, quedar desarmado—; pero en este caso mi hermano insistió tanto, desde luego sin darme explicaciones de para qué las quería, que tuve que ceder. Se las prometí para el fin de semana.

Además de las fotos la caja guardaba algunas prendas, los espejuelos que usaba mi padre, las escrituras de la casa, los títulos de algunos terrenos, así como los pasaportes de un país del que ya no somos ciudadanos, pero con los cuales lo abandonamos. También una propiedad en el cementerio y un libro forrado en terciopelo azul, con unos poemas escritos a mano por un tío que nunca conocí y que murió tísico. En mi adolescencia aquellos poemas me entusiasmaron mucho, creyendo identificar en su letra redondeada, casi de dibujante, y en los cuidadosos trazos, la voz de un poeta. Creo que en cierta ocasión me sentí optimista ante tal hallazgo, pero con el tiempo descubrí que no eran poemas de un verdadero poeta, sino el cansado lamento de un moribundo. Más nunca los he vuelto a leer, pero guardo el cuaderno por respeto a mi madre, y porque de alguna manera reconozco que me puso en contacto con la poesía. No obstante, el riguroso inventario familiar ocupaba un segundo plano ante el patrimonio más celosamente guardado que eran las fotos.

Como ya no éramos adolescentes existía una especie de consenso y confianza en cuanto al cuidado y uso de los bienes comunes. Por eso me llamó la atención que Rolando me pidiera con tanta insistencia las fotos. Las lecciones aprendidas de *no preguntes nada* me impedían indagar en torno al verdadero objetivo por ver de nuevo viejas fotos. Sentí un poco de miedo. Un mensaje breve en el contestador dejaba entrever a mi juicio algo macabro. Hasta mi esposa, algo inquieta, se refirió al *tono de Rolando*. Sin embargo, como parte de ese juego de defender sobre todo la privacidad y el derecho de cada cual a confrontar sus propios problemas sin la mediación de ningún otro miembro de la familia, no me quedaba otra alternativa que esperar una nueva llamada telefónica, quizás, si lo notaba de buen humor, podría entresacarle algo.

Mientras seleccionaba las fotografías, un torrente de recuerdos y de sensaciones me invadieron, siempre me ocurre lo mismo, llevándome por ciudades, países, depositándome una vez más en mi ciudad, en esa ciudad única y maravillosa —pienso en el sentido desgarrador que Kavafis le imponía—. En una de esas fotos estamos todos reunidos en un parque a escasamente dos cuadras de la casa —para llegar había que cruzar una calle ancha y muy transitada, por eso siempre teníamos que ir acompañados de un adulto—. En ella la sombra de mi padre, que era quien tomaba la fotografía, se proyectaba en el piso alargada, dibujándose en la acera y a la vez integrándolo al grupo familiar. Mis hermanos sonreían alegres, creo que festejábamos un 6 de enero, Día de Reyes. Yo, mientras tanto, permanecía de pie, muy serio, mirando más a Rolando que a la cámara. Estábamos tan juntos él y yo, que parecíamos uno solo. Una noche lo soñé en ruinas, con la hierba tan crecida que sepultaba el lugar de mi infancia, el sitio exacto de la foto. Años después, en el sueño y en la realidad, el parque se convirtió en un enorme basurero, surcado por trillos para acortar camino.

Yo no sé si en realidad el destino funciona de esa manera tan caprichosa o si es eso que llaman karma, pero —no me canso de repetirlo, creo que es así—, de pronto ocurren hechos que comienzan a dejar marcas definitivas, de las que no es posible librarse nunca y no queda otro remedio que asumirlas. En un sobre, no en un álbum, encontré unas fotos que por supuesto eran las que andaba buscando Rolando, algo me lo indicaba, quizás había escuchado algún rumor al que no le di importancia, pero estaba seguro, ésas eran las fotos.

Al día siguiente de entregárselas, domingo por la noche, Rolando insistió en hablar conmigo. Traté al principio de hacerle ver que estaba muy ocupado, que me iba a ser imposible reunirme con él, pero sabía que había algo cruel en mis excusas. Yo le tengo un cariño como a nadie; no tengo valor de decirlo en alta voz, pero lo quiero más que a mis propios hijos. No sé por qué, pero es así, lo experimento continuamente, aunque no me atrevo a expresárselo. Tengo miedo, un temor creciente se apodera de mí al saber que vamos a conversar en privado y que saldrá a relucir lo único realmente importante que yo le oculté en toda mi vida.

Antes nos parecíamos mucho físicamente. Cualquiera al ver el retrato que pipo nos tomó en el parque, diría que somos jimaguas, a pesar de notarse desde aquel entonces, una mayor estatura de su parte. Pero el peinado... el vestuario. Yo siempre insistía en copiarle los gestos, hasta su manera única de reír, por eso podíamos pasar por gemelos en muchos lugares, y lo hacíamos, lo disfrutábamos, y cuando alguien lo ponía en duda, inmediatamente le decía que yo fui el último en nacer y que por eso mi aspecto era más débil. Con los años, después de casarnos, Rolando cambió sus hábitos de vida, se acostaba temprano, salía poco, comenzó a engordar de una manera descontrolada y a perder el pelo aceleradamente. Hoy mi hermano podría pasar por mi abuelo.

Al fin nos reunimos y sin muchos regodeos, me pidió detalles de las fotos suyas con Carmen y Gustavo en el jardín de la casa. Yo no deseaba mentirle, me resistía a perder su confianza, que ya de hecho había sufrido un fuerte golpe, pero comencé a hablar vagamente intentando averiguar qué exactamente él deseaba saber, y qué él exactamente sabía. Las fotos en cuestión eran intrascendentes. Una era un close up de Carmen y Rolando muy juntos, incluso mal encuadrada, pues le corté parte de la cara a mi hermano, dejando mucho espacio hacia la derecha. En otra Gustavo sonreía con los ojos entornados, mientras Carmen y Rolando miraban fijo a la cámara, casi inexpresivos. En algunas otras fotos, eran siete en total, se destacaban otros detalles que me fueron muy útiles entonces. En aquella época Rolando llevaba el pelo largo —nadie diría que luego sería calvo—, por debajo del hombro y era la sensación del vecindario, se lo hice notar, pero no mostró entusiasmo.

Casi no hablamos, pero lo que dijo fue suficiente. Yo pensé que el tiempo podría servir para sosegar los errores, pero ocurrió todo lo contrario. Creo que Rolando, después de casarse, en vez de fortalecerse, comenzó a hacerse más débil, más hogareño y a la vez más introvertido. Me devolvió todas las fotos y me dijo que Carmen se había casado con Gustavo, también que se habían divorciado ya, que tenían tres hijos, y que uno de ellos se le había muerto de una manera horrible; no dio más detalles. Con todas esas referencias era obvio que se habían encontrado recientemente, pero todavía no acababa de decirme si con Gustavo o con Carmen. En resumidas cuentas en aquella época y ahora también, a mí sólo me importaba mi hermano, no lo quería perder, Carmen lo hubiera apartado definitivamente de mí, porque con el tiempo todo se hubiera sabido. Yo le llené la cabeza de temores, le hice ver a Rolando como un enfermo, un ser malvado, capaz de destruir a todo el que le rodeaba, le mostré "evidencias" de cosas inventadas por mí. También le metí a Gustavo prácticamente por los ojos, por eso quizás hasta se casó con él. Pero no era mi problema, y aunque nunca debí haber dañado a mi hermano ya es tarde para arrepentirse, ya no hay regreso. A mí sólo me importaba la felicidad de Rolando, que era a su vez mi propia felicidad. Creo que al apartarlo de Carmen, lograba mantener unida nuestra familia por más tiempo. Mientras pude evité el matrimonio de mi hermano, que representaba, hoy ya no lo veo de esa manera, la dispersión, el fin de la familia.

Cuando entró en su carro, un Cadillac —en eso nunca lo pude imitar, los automóviles jamás han tenido para mí otro valor que el utilitario—, bajó la ventanilla eléctrica y me hizo un gesto con dos dedos, que reconocí como un símbolo infantil, una clave casi olvidada, que vino acompañada de esa sonrisa perfecta que los años no han podido borrar.

Eramos muy jóvenes —si se quiere, se puede tomar como una buena excusa—, además fue la manera que encontré para conservar a Rolando, que era lo único que me interesaba en aquel entonces, a mi lado por más tiempo. Todo puede resultar como una gran justificación, pero el precio fue alto. Hoy mi hermano no me habla, he perdido parte del legado familiar y mi mujer sigue insistiendo en que le explique qué pasó, la verdadera razón por la cual mi hermano Rolando me odia tanto.

DEDÍCAMELO

Siempre estuve deseoso de que me lo contaras. Estaba seguro que lo harías en voz baja y que te regodearías en los detalles. Te imaginaba durante ese tiempo ansioso, inseguro, modulando las palabras con cuidado, intentando encontrar el vocablo preciso, para no caer en inexactitudes o extenderte más allá de lo debido. ¿Sería yo tu confidente? ¿Alcanzaría la dicha de convertirme en tu confidente? Así lo defines en el texto. Observé la escena muchas veces. Clara, rigurosa. Primero exigirías una lealtad incondicional y luego una paciencia infinita. Acepto las condiciones, son razonables. Válidas. Luego estudiarías el entorno cuidadosamente, aun cuando supieras que estábamos en un sitio solitario. Sentirías temor de ser sorprendido por alguien ajeno.

Por mucho tiempo he elaborado sobre esa atmósfera de dependencia que se crearía entre nosotros... Creo que de alguna manera estaría tomando posesión de ti, y sentía morbo, experimentaba espasmos tan sólo de pensar en ello. ¿Qué iba a quedar de ti luego?... Digo al final. Respondo yo: nada concreto, sólo dudas. Aspirabas a que todo acabara ahí, pero no sabías que nada más era el principio de algo que requeriría un esfuerzo mayor. Nunca hubieras logrado nada en el resto de tu vida, porque tu manera de decir, tu vía de acceso se canalizaba por mí. Lo comprendiste tarde, pero era obvio.

Pensaba en tu expresión. Sería de incredulidad ante tu propia actuación, que llamarías más tarde de impulsos primitivos. Así fue como lo escribiste. Luego de asombro y después no sé de qué podría ser, pero sin duda alguna quedaría algo jodido, enfermizo... Es muy probable que de frustración, de arrepentimiento. Sí, de arrepentimiento tardío por no haberte podido controlar. Nunca aprendiste a callar. Alguien me dijo que lo mejor es siempre, y hacía énfasis en el adverbio, lo que no se llega a decir.

Durante un tiempo, en aquellos momentos en que todo indicaba que te doblegarías, yo mismo intentaba detenerte, cambiaba el tema, buscaba alguna distracción, porque de alguna manera disfrutaba la tensión que se creaba, la incertidumbre, tu expresión, y volvía a experimentar un gozo ilimitado, profundo, que me dejaba exhausto. Si eres honesto tienes que reconocer que en muchas ocasiones estuviste a punto de desbordarte conmigo. Seguro pensabas que ello te ayudaría. No, no lo vas a reconocer nunca ante mí. Quizás en alguna paginita por ahí aparezca el detalle, algún ramalazo esclarecedor.

Muchas veces temí que me hicieras una carta, eso sí hubiera sido fatal, algo de lo que no hubiera podido reponerme nunca, sería como hacer un resumen breve, limitadísimo. Ese libro fue un golpe demoledor, esperadamente inesperado (¿qué te parece el juego de palabras?), pero lo superé. Reconozco que me ganaste y lo acepto, me venciste limpio, como deseaba que ocurriera. Es cierto que perdí la oportunidad de verte tembloroso, de sentir tu respiración acelerada, halando profundas bocanadas de aire, que tratarías infructuosamente de disimular, para superar el momento. De cualquier manera no estoy tan seguro de haber perdido del todo.

Sin duda las iniciales son las mías, aunque invertidas. Me lo dedicas de una madera enrevesada, típica tuya, pero me lo dedicas y eso me complace, estoy conmovido. Nunca te hubieras atrevido a poner con todas sus letras mi nombre y apellido pero no importa, así está bien. Además comprendo que es una manera de dejar una puerta abierta al desconcierto. El trabajo, mi querido (es la primera vez que te llamo así, ya no hay nada que ocultar), es bueno, muy bueno. Jamás imaginé que tuvieras esas facultades o como dicen los expertos, tanto talento. Sin duda alguna lo empleaste a fondo, buscando y encontrando. Logrando. Un trabajo digno de ti. Te felicito.

En definitiva uno de tus triunfos fue leer, estando yo presente, ese revelador capítulo, tan íntimo. Era un fuerte reto, con un mensaje como diciéndome: al final he soltado todo aquello. Ahí queda. La palabra "soltado" no es muy feliz, pero es válida —yo si me puedo permitir un desliz—, pero no olvides que de ahora en lo adelante tienes que tener mucho cuidado con tu vocabulario, se te va a exigir precisión. Espero que te sientas mejor, ya yo hice mi papel.

Ahora que el público se ha marchado, abre el maldito libro, y en esa página en blanco, en esa primera página donde se ponen las dedicatorias, escríbeme lo que seguramente por algún lado te faltó por escribir. No pienses más. Sé espontáneo, estoy convencido que en la dedicatoria estará el detalle final.

EPÍLOGO

Cuando se levantó, como de costumbre a media mañana, ya le aguardaban varios recados en el contestador automático. Los ignoró hasta tanto completara su inalterable rutina. Después de ducharse —también necesitaba afeitarse, pero eso era opcional—, preparó una colada de café. Bebió lentamente mirando por la ventana, y fumándose espiritualmente un cigarro, mientras intentaba localizar a los gaticos que andaban por el patio. Es cierto que gracias a una promesa hecha unos cuatro años antes había dejado físicamente de fumar, pero no el hábito, por eso todavía sentía unos deseos incontrolables de llevarse uno a la boca. Luego, con una parsimonia que sólo tenía cabida inmediatamente después de levantarse, cuando todavía estaba medio sonso y sin la presión de las cosas por hacer, sacaba a su perrito, alimentaba a los gatos que acudían veloces al verlo abrir la puerta, y recogía el periódico. Con esa acción final, de inclinarse a recoger el paquete de nailon donde envolvían el diario, concluía lo que él solía llamar "los mejores momentos del día". Luego, según decía, las presiones, las noticias en la prensa, las horas de trabajo y la bobería, malograban un siempre espectacular despertar.

Antes de sentarse a leer escuchaba los mensajes que tuviera en la máquina. El pip, pip, cada diez segundos sólo le molestaba si estaba leyendo o escribiendo, de lo contrario podía estar pitando infinitamente. *Llámame*, decía escuetamente la voz de su madre, sin aclarar que era ella. Luego la hermana con la misma cantaleta de siempre. *¡Hola! ¿Estás ahí...? Por favor coge el teléfono... Please, si estás ahí coge el teléfono que tengo que hacerte una pregunta*, repetía una y otra vez, hasta que se aburría y colgaba abruptamente. *!Oye fiera, es tu maricón, Gilberto, llámame que se me rompió el cohete y necesito que me lleves al curralo, yo empiezo a las 3 como tú. Llámame, no me dejes embarcado, asere, ok.* De esa manera gritaba, destilando vulgaridad por los cuatro costado Gilberto, mientras Luis sonreía con desgano por lo de *tu maricón*, pues aunque el chiste era bueno, ya lo había repetido demasiadas veces. En otro de los mensajes, una anciana deseaba saber a qué hora iba a comenzar la misa por radio —el número de la emisora y el de su casa variaban sólo en un dígito, por lo demás, el último—. El otro mensaje sí resultó inesperado. El editor de su libro de cuentos *Un verano incesante*, le dejaba saber que acababa de recibirlo en la librería y aguardaba por él para ponerlo en los estantes.

Luis, a pesar de estar esperando esa noticia desde hacía varias semanas, no sabía qué hacer. En ese instante final sentía curiosidad por ver su libro publicado y un tremendo miedo; miedo que fue tomando posesión de él de una manera creciente. Ya no quería el libro del todo, sabía que de alguna manera su vida se vería afectada por el hecho de haber publicado un libro, aunque el haberlo escrito era ya en sí mismo un reto, un desafío ya superado.

Se afeitó apresuradamente y se pegó papel sanitario en las dos heridas que se hizo; por una de ella sangraba bastante.

Salió a toda velocidad hacia la librería, pero poco después, a medio camino decidió regresar a la casa. Llamó a la madre y le dijo que su libro acababa de salir. *Ay Dios mío, tengo un hijo escritor*, ésa fue la reacción de la madre, mientras Luis sonreía y se preguntaba si realmente el hecho de publicar un libro lo hacía un escritor, o si eso era sólo un formulismo. De cualquier manera no le daba mucha importancia, para él un escritor no es, necesariamente, quien publica, después de todo el acto de publicar da a conocer el nombre de alguien, que de hecho, escribe desde hace algún tiempo.

Una y otra vez se preguntaba cómo habría quedado la edición. Pensaba en la portada que le había diseñado un amigo, en las erratas que encontraría al leerlo, desde luego cuando ya era demasiado tarde, cuando ya no había remedio. "Yo lo cuidé bastante", se decía mientras entraba en el parqueo de la librería, pensando si la foto de la contraportada, también tirada y ayudada a escoger por otro amigo, dejaba entrever demasiado, al ser ampliada, el ojo bizco. Por primera vez le preocupaba ese detalle. Se quedó en el carro unos segundos buscando controlarse.

El editor no lo hizo esperar y le extendió el libro con una sonrisa de satisfacción, una sonrisa, tal vez, demasiadas veces repetida. Luis lo hojeó cuidadosamente y clavó los ojos en la portada, veía su nombre, el título de su libro y se quedó tranquilo, confundido, sin saber qué expresar, inmóvil, en una especie de calma prolongada. Por eso se limitó a decir: *Bueno, ahora vamos a ver qué pasa*. La expresión no le pareció adecuada, pero en realidad, no sabía qué decir. Si de algo estaba seguro era que a partir de ese momento perdería todo control sobre su libro.

Agarró un paquete y tras una conversación apresurada con el editor, subió a su carro, y chillando gomas salió a toda velocidad por la calle 8, en busca de la 27 avenida. Unas cuadras más adelante le pusieron una multa por manejar descuidadamente, y sin reparar en los 58 dólares que tendría que desembolsar a la policía de Miami, continuó veloz y eufórico, para colocar el primer ejemplar de su libro en un espacio abierto especialmente en el librero, junto a la *socioteca*, donde comenzaría a construir su *egoteca*.

ÍNDICE

Prólogo 9
El regreso 13
Entrevista 21
Sombras de una carta 29
Otra forma en el tiempo 35
Una mujer 45
La familia se reúne 53
Ritual 61
Todo un verano 69
Ojalá no exista 77
El que espera 81
Ejercicio con árbol y atardecer 93
Contratiempos 99
Fotos familiares 109
Dedícamelo 115
Epílogo 119

LIBROS PUBLICADOS EN LA COLECCIÓN CANIQUÍ
(NARRATIVA: novelas y cuentos)

005-4	AYER SIN MAÑANA, Pablo López Capestany
016-X	YA NO HABRÁ MAS DOMINGOS, Humberto J. Peña
017-8	LA SOLEDAD ES UNA AMIGA QUE VENDRÁ, Celedonio González
018-6	LOS PRIMOS, Celedonio González
020-8	LOS UNOS, LOS OTROS Y EL SEIBO, Beltrán de Quirós
021-6	DE GUACAMAYA A LA SIERRA, Rafael Rasco
022-4	LAS PIRAÑAS Y OTROS CUENTOS CUBANOS, Asela Gutiérrez Kann
023-2	UN OBRERO DE VANGUARDIA, Francisco Chao Hermida
024-0	PORQUE ALLÍ NO HABRÁ NOCHES, Alberto Baeza Flores
025-9	LOS DESPOSEÍDOS, Ramiro Gómez Kemp
027-5	LOS CRUZADOS DE LA AURORA, José Sánchez-Boudy
030-5	LOS AÑOS VERDES, Ramiro Gómez Kemp
032-1	SENDEROS, María Elena Saavedra
033-X	CUENTOS SIN RUMBOS, Roberto G. Fernández
034-8	CHIRRINERO, Raoul García Iglesias
035-6	¿HA MUERTO LA HUMANIDAD?, Manuel Linares
036-4	ANECDOTARIO DEL COMANDANTE, Arturo A. Fox
038-0	ENTRE EL TODO Y LA NADA, René G. Landa
039-9	QUIQUIRIBÚ MANDINGA, Raul Acosta Rubio
040-2	CUENTOS DE AQUÍ Y ALLÁ, Manuel Cachán
041-0	UNA LUZ EN EL CAMINO, Ana Velilla
042-9	EL PICÚO, EL FISTO, EL BARRIO Y OTRAS ESTAMPAS CUBANAS, José Sánchez-Boudy
043-7	LOS SARRACENOS DEL OCASO, José Sánchez-Boudy
0434-7	LOS CUATRO EMBAJADORES, Celedonio González
0639-X	PANCHO CANOA Y OTROS RELATOS, Enrique J. Ventura
0644-7	CUENTOS DE NUEVA YORK, Angel Castro
129-8	CUENTOS A LUNA LLENA, José Sánchez-Boudy
1349-4	LA DECISIÓN FATAL, Isabel Carrasco Tomasetti
135-2	LILAYANDO, José Sánchez-Boudy
1365-6	LOS POBRECITOS POBRES, Alvaro de Villa
137-9	CUENTOS YANQUIS, Angel Castro
158-1	SENTADO SOBRE UNA MALETA, Olga Rosado
163-8	TRES VECES AMOR, Olga Rosado
167-0	REMINISCENCIAS CUBANAS, René A. Jiménez
168-9	LILAYANDO PAL TU, José Sánchez Boudy
170-0	EL ESPESOR DEL PELLEJO DE UN GATO YA CADÁVER, Celedonio González
171-9	NI VERDAD NI MENTIRA Y OTROS CUENTOS, Uva A. Clavijo
184-0	LOS INTRUSOS, Miriam Adelstein

1948-4	EL VIAJE MAS LARGO, Humberto J. Peña
196-4	LA TRISTE HISTORIA DE MI VIDA OSCURA, Armando Couto
217-0	DONDE TERMINA LA NOCHE, Olga Rosado
218-9	ÑIQUÍN EL CESANTE, José Sánchez-Boudy
219-7	MAS CUENTOS PICANTES, Rosendo Rosell
227-8	SEGAR A LOS MUERTOS, Matías Montes Huidobro
230-8	FRUTOS DE MI TRASPLANTE, Alberto Andino
244-8	EL ALIENTO DE LA VIDA, John C. Wilcox
249-9	LAS CONVERSACIONES Y LOS DÍAS, Concha Alzola
251-0	CAÑA ROJA, Eutimio Alonso
252-9	SIN REPROCHE Y OTROS CUENTOS, Joaquín de León
2533-6	ORBUS TERRARUM, José Sánchez-Boudy
255-3	LA VIEJA FURIA DE LOS FUSILES, Andrés Candelario
259-6	EL DOMINO AZUL, Manuel Rodríguez Mancebo
270-7	A NOVENTA MILLAS, Auristela Soler
282-0	TODOS HERIDOS POR EL NORTE Y POR EL SUR, Alberto Muller
286-3	POTAJE Y OTRO MAZOTE DE ESTAMPAS CUBANAS, José Sánchez-Boudy
292-8	APENAS UN BOLERO, Omar Torres
297-9	FIESTA DE ABRIL, Berta Savariego
300-2	POR LA ACERA DE LA SOMBRA, Pancho Vives
301-0	CUANDO EL VERDE OLIVO SE TORNA ROJO, Ricardo R. Sardiña
303-7	LA VIDA ES UN SPECIAL, Roberto G. Fernández
321-5	CUENTOS BLANCOS Y NEGROS, José Sánchez-Boudy
327-4	TIERRA DE EXTRANOS, José Antonio Albertini
331-2	CUENTOS DE LA NIÑEZ, José Sánchez-Boudy
332-0	LOS VIAJES DE ORLANDO CACHUMBAMBÉ, Elías Miguel Muñoz
335-5	ESPINAS AL VIENTO, Humberto J. Peña
342-8	LA OTRA CARA DE LA MONEDA, Beltrán de Quirós
343-6	CICERONA, Diosdado Consuegra Ortal
345-2	ROMBO Y OTROS MOMENTOS, Sarah Baquedano
3460-2	LA MAS FERMOSA, Concepción Teresa Alzola
349-5	EL CIRCULO DE LA MUERTE, Waldo de Castroverde
350-9	UN GOLONDRINO NO COMPONE PRIMAVERA, Eloy González-Arguelles
352-5	UPS AND DOWNS OF AN UNACCOMPANIED MINOR REFUGEE, Marie F. Portuondo
363-0	MEMORIAS DE UN PUEBLECITO CUBANO, Esteban J. Palacios
370-3	PERO EL DIABLO METIÓ EL RABO, Alberto Andino
378-9	ADIÓS A LA PAZ, Daniel Habana
381-9	EL RUMBO, Joaquín Delgado-Sánchez
386-X	ESTAMPILLAS DE COLORES, Jorge A. Pedraza
4116-7	EL PRÍNCIPE ERMITAÑO, Mario Galeote Jr.
420-3	YO VENGO DE LOS ARABOS, Esteban J. Palacios Hoyos
423-8	AL SON DEL TRIPLE Y EL GÜIRO..., Manuel Cachán

435-1	QUE VEINTE AÑOS NO ES NADA, Celedonio González
439-4	ENIGMAS (3 CUENTOS Y 1 RELATO), Raul Tápanes Estrella
440-8	VEINTE CUENTOS BREVES DE LA REVOLUCIÓN CUBANA, Ricardo J. Aguilar
442-4	BALADA GREGORIANA, Carlos A. Díaz
448-3	FULASTRES Y FULASTRONES Y OTRAS ESTAMPAS CUBANAS, José Sánchez-Boudy
460-2	SITIO DE MÁSCARAS, Milton M. Martínez
464-5	EL DIARIO DE UN CUBANITO, Ralph Rewes
465-3	FLORISARDO, EL SÉPTIMO ELEGIDO, Armando Couto
472-6	PINCELADAS CRIOLLAS, Jorge R. Plasencia
473-4	MUCHAS GRACIAS MARIELITOS, Angel Pérez-Vidal
476-9	LOS BAÑOS DE CANELA, Juan Arcocha
486-6	DONDE NACE LA CORRIENTE, Alexander Aznares
487-4	LO QUE LE PASO AL ESPANTAPÁJAROS, Diosdado Consuegra
493-9	LA MANDOLINA Y OTROS CUENTOS, Bertha Savariego
494-7	PAPA, CUÉNTAME UN CUENTO, Ramón Ferreira
495-5	NO PUEDO MAS, Uva A. Clavijo
499-8	MI PECADO FUE QUERERTE, José A. Ponjoán
501-3	TRECE CUENTOS NERVIOSOS, Luis Ángel Casas
503-X	PICA CALLO, Emilio Santana
509-9	LOS FIELES AMANTES, Susy Soriano
519-6	LA LOMA DEL ANGEL, Reinaldo Arenas
5144-2	EL CORREDOR KRESTO, José Sánchez-Boudy
533-1	DESCARGAS DE UN MATANCERO DE PUEBLO CHIQUITO, Esteban J. Palacios Hoyos
539-0	CUENTOS Y CRÓNICAS CUBANAS, José A. Alvarez
542-0	EL EMPERADOR FRENTE AL ESPEJO, Diosdado Consuegra
543-9	TRAICIÓN A LA SANGRE, Raul Tápanes-Estrella
544-7	VIAJE A LA HABANA, Reinaldo Arenas
545-5	MAS ALLÁ LA ISLA, Ramón Ferreira
546-3	DILE A CATALINA QUE TE COMPRE UN GUAYO, J. Sánchez-Boudy
554-4	HONDO CORRE EL CAUTO, Manuel Márquez Sterling
555-2	DE MUJERES Y PERROS, Félix Rizo Morgan
556-0	EL CÍRCULO DEL ALACRÁN, Luis Zalamea
560-9	EL PORTERO, Reinaldo Arenas
565-X	LA HABANA 1995, Ileana González
568-4	EL ÚLTIMO DE LA BRIGADA, Eugenio Cuevas
574-9	VIDA Y OBRA DE UNA MAESTRA, Olga Lorenzo
575-7	PARTIENDO EL "JON", José Sánchez-Boudy
576-5	UNA CITA CON EL DIABLO, Francisco Quintana
587-0	NI TIEMPO PARA PEDIR AUXILIO, Fausto Canel
594-3	PAJARITO CASTAÑO, Nicolás Pérez Díez Argüelles
595-1	EL COLOR DEL VERANO, Reinaldo Arenas
596-X	EL ASALTO, Reinaldo Arenas

611-7	LAS CHILENAS (novela o una pesadilla cubana), Manuel Matías
616-8	ENTRELAZOS, Julia Miranda y María López
619-2	EL LAGO, Nicolás Abreu Felippe
629-X	LAS PEQUEÑAS MUERTES, Anita Arroyo
630-3	CUENTOS DEL CARIBE, Anita Arroyo
631-1	EL ROMANCE DE LOS MAYORES, Marina P. Easley
632-X	CUENTOS PARA LA MEDIANOCHE, Luis Angel Casas
633-8	LAS SOMBRAS EN LA PLAYA, Carlos Victoria
638-9	UN DÍA... TAL VEZ UN VIERNES, Carlos Deupi
643-5	EL SOL TIENE MANCHAS, René Reyna
653-2	CUENTOS CUBANOS, Frank Rivera
657-5	CRÓNICAS DEL MARIEL, Fernando Villaverde
660-5	LA ESCAPADA, Raul Tápanes Estrella
670-2	LA BREVEDAD DE LA INOCENCIA, Pancho Vives
672-9	GRACIELA, Ignacio Hugo Pérez-Cruz
694-X	OPERACIÓN JUDAS, Carlos Bringuier
697-4	EL TAMARINDO / THE TAMARIND TREE, María Vega de Febles
698-2	EN TIERRA EXTRAÑA, Martha Yenes — Ondina Pino
699-0	EL AÑO DEL RAS DE MAR, Manuel C. Díaz
700-8	¡GUANTE SIN GRASA, NO COGE BOLA! (REFRANES CUBANOS), José Sánchez-Boudy
705-9	ESTE VIENTO DE CUARESMA, Roberto Valero Real
707-5	EL JUEGO DE LA VIOLA, Guillermo Rosales
711-3	RETAHÍLA, Alberto Martínez-Herrera
720-2	PENSAR ES UN PECADO, Exora Renteros
728-8	REGRESO DE ALICIA AL PAÍS DE LAS MARAVILLAS, René Ariza
729-6	LA TRAVESÍA SECRETA, Carlos Victoria
741-5	SIEMPRE LA LLUVIA, José Abreu Felippe
748-2	ELENA VARELA, Martha M. Bueno
755-5	ANÉCDOTAS CASI VERÍDICAS DE CÁRDENAS, Frank Villafaña
759-8	LA PELÍCULA, Polo Moro
769-5	CUENTOS DE TIERRA, AGUA, AIRE Y MAR, Humberto Delgado-Jenkins
772-5	CELESTINO ANTES DEL ALBA, Reinaldo Arenas
779-2	UN PARAÍSO BAJO LAS ESTRELLAS, Manuel C. Díaz
780-6	LA ESTRELLA QUE CAYÓ UNA NOCHE EN EL MAR, Luis Ricardo Alonso
781-4	TINA, Martha Bueno
782-2	MONÓLOGO CON YOLANDA, Alberto Muller
784-9	LA CÚPULA, Manuel Márquez Sterling
785-7	CUENTA EL CARACOL (relatos y patakíes), Elena Iglesias
789-X	MI CRUZ LLENA DE ROSAS (cartas a Sandra, mi hija enferma), Xiomara Pagés
791-1	ADIÓS A MAMÁ (De La Habana a Nueva York), Reinaldo Arenas
793-8	UN VERANO INCESANTE, Luis de la Paz